Cómo terminar lo que empiezas:
El arte de perseverar, pasar a la acción, ejecutar los planes y tener disciplina

Por Peter Hollins,
Autor e investigador de
petehollins.com

Índice

ÍNDICE	5
INTRODUCCIÓN	7
CAPÍTULO 1: PENSAR MENOS, HACER MÁS	13
CAPÍTULO 2: CÓMO MANTENER LA MOTIVACIÓN	53
CAPÍTULO 3: LA IMPORTANCIA DE CREAR UN MANIFIESTO	83
CAPÍTULO 4: MENTALIDADES QUE FOMENTAN LA PERSEVERANCIA	113
CAPÍTULO 5: LA CIENCIA DE VENCER LA PROCRASTINACIÓN	137
CAPÍTULO 6: UNA ZONA LIBRE DE DISTRACCIONES	159
CAPÍTULO 7: ERRORES MORTALES	209
CAPÍTULO 8: SISTEMAS DIARIOS PARA ALCANZAR EL ÉXITO	231
RESUMEN	259

Introducción

¿Qué significa con exactitud el acto de perseverar y terminar lo que se empieza? Puede que hayas escuchado tales frases con anterioridad, ¿pero qué significan?

Para mí, significan materializar las intenciones. Muchas veces, tomamos una iniciativa, y puede que incluso demos el primer paso algún fin de semana donde la suerte nos sonría. Sin embargo, al primer indicio de adversidad, cansancio, aburrimiento o ajetreo, tiramos la toalla como si nada y dejamos que la iniciativa se llene de telarañas en el garaje (mental, metafórica o literalmente) por el resto de la eternidad.

El acto de perseverar y terminar lo que se empieza implica romper con ese ciclo tan común y asumir el control de nuestra vida. Implica tomar las riendas del destino y convertir el "algún día" en "hoy".

Mi experiencia personal en cuanto a la culminación de proyectos ha tenido sus altibajos. Un verano, me prometí a mí mismo que tallaría una canoa de madera de unas 12 pulgadas de largo y 3 de ancho. No era muy grande, pero suponía un desafío adecuado para un novicio de la carpintería. En la primera semana, hice un avance considerable en el proceso de tallar mi bloque de madera. En la segunda semana, me dolían las manos y estrenaron la nueva película de *Star Wars*. Y para la tercera semana, estaba demasiado ocupado con mi maratón de *Star Wars* y procrastinando. Mi canoa de madera no estaba destinada a existir.

Sin embargo, cada vez que pasaba por el garaje en dirección al auto, la canoa que yacía en el lugar era la prueba fehaciente de mi haraganería e incapacidad de terminar lo que había empezado. Este hecho me perturbó hasta que me comprometí a terminarla un par de veranos más tarde. Probablemente, te imaginarás lo que ocurrió. La primera semana fue excelente, la segunda moderada, y para la tercera ya no tenía el mínimo atisbo de energía.

Era una tortura tener que ver aquella tarea incompleta y sentirme de lo más patético ante el gran talento que parecía tener para la procrastinación. En resumen, sí terminé la canoa. A la larga.
Poco después, tuve la suerte de aprender sobre el concepto de la "integración de tentaciones", lo cual me dio el empujón que necesitaba para terminar la canoa. En pocas palabras, y ya que será discutido en capítulos posteriores, la integración de tentaciones consiste en combinar una tarea obligatoria (e indeseable) con una recompensa inmediata. Cuando logras fomentar el esfuerzo mediante sobornos, culminar un proyecto deja de exigir tanta fuerza de voluntad; se convierte en la búsqueda de una satisfacción, aunque no sea más que por mera asociación.

La recompensa que integré a la talla de la canoa fue escuchar mis álbumes favoritos; una actividad para la que rara vez tenemos tiempo hoy en día. ¿Cuándo fue la última vez que escuchaste tu álbum favorito de principio a fin y sin interrupción alguna? Y lo maravilloso es que dicho método funcionó.

De pronto, un nuevo mundo se abrió ante mis ojos; si podía lograr que hasta la peor tarea se volviese lo suficientemente agradable al combinarla con una actividad placentera, podría superar cualquier obstáculo. Fue un pequeño descubrimiento como este el que me impulsó a estudiar la ciencia de la perseverancia y ejecución, a pesar de la resistencia innata del cerebro humano a tales acciones. ¿Cómo podemos ignorar nuestros peores instintos y culminar los proyectos cuando así lo queramos, sin vernos asechados por la proximidad de una fecha límite? ¿Cómo podemos prestarle atención a nuestra atención y hacer lo que más nos cuesta: sentirnos a gusto en medio de lo incómodo?

Estoy seguro de que también hay una canoa incompleta en tu vida. Si recurriste a este libro, es probable que te hayas dado cuenta que depender únicamente de la disciplina y la fuerza de voluntad pocas veces funciona (al menos a largo plazo). Quiero que tengas la convicción genuina de que estos sueños a medias, estos proyectos que en un inicio parecían tan emocionantes y que valían la pena, no tienen por qué ser relegados al abandono y al olvido. Tú *puedes* terminar lo que empezaste.

Me gustaría pensar que he diseñado excelentes sistemas personales que pueden aplicarse de forma generalizada en casi cualquier contexto. Este libro contiene muchas tácticas: no las implemento todas a la vez de forma constante, pero la mayoría resultarán efectivas para casi cualquier persona. Como siempre, escribí este libro con propósitos personales y me llena de alegría y orgullo ser capaz de compartir mis hallazgos. Espero que te resulten útiles y te ayuden a lograr tus metas. Al menos, espero que te hagan verte obligado a escuchar tus álbumes favoritos de vez en cuando (¡lo cual, de por sí, ya es un beneficio!).

Capítulo 1: Pensar menos, hacer más

Esther le ha dado mil vueltas al asunto. Atrapada desde hace seis años en un trabajo de oficina que no tiene futuro, ha fantaseado una y otra vez sobre librarse de la monotonía del papeleo, no tener que rendirle cuentas a un jefe exigente y romper con la rutina diaria de dejar a su hijo de dos años en la guardería.

¿Pero cómo exactamente iba a cumplir tales fantasías cuando tanto su familia como ella dependían de dicho trabajo para llegar a fin de mes? Tenía la solución: se le ocurrió iniciar su propio negocio de repostería en casa.

No era más que una fantasía, una idea que evocaba para sobrevivir a las jornadas difíciles en la oficina. Sin embargo, un día, sintió algo distinto. Por algún motivo, por fin se había decidido: iba a hacerlo. Después de todo, la repostería era su verdadera pasión. Durante años, había hecho pasteles y galletas para sus amigos, quienes le decían que debía abrir un negocio, así que quizá no era tan mala idea, ¿o sí?

Y así comenzó la cruzada de Esther para iniciar su negocio de repostería. No renunció a su trabajo, sino que pidió dos semanas de vacaciones para tantear el terreno. *Primero*, pensó ella, *tengo que investigar*. Concluyó que primero tenía que planear mentalmente cada detalle del negocio, antes de pasar a la acción.

A mayor preparación y planificación, mejor ejecución. Planeaba investigar cada detalle sobre el inicio de semejante empresa, desde recetas hasta gestión financiera. También tenía planeado encuestar a sus amigos y vecinos para hacerse una idea de las necesidades del mercado. Todo comenzaba a tomar forma en su mente.

Lamentablemente, aquello que se había formado en la mente de Esther se mantuvo allí y jamás se materializó. Puede que ya te imagines a dónde se dirige la historia.

La idea de tener que aprender *todo* lo relacionado a iniciar y dirigir un negocio de repostería desde cero abrumó a Esther a tal punto que fue incapaz de dar un solo paso hacia la meta. El sueño de usar un delantal y verse rodeada de sus exquisiteces, cada una con un diseño en particular, se veía más lejano que nunca. ¿Impuestos, declaraciones, alquileres? ¡Ella solo quería cocinar!

Cuando comenzaron sus vacaciones, se ocupó en cosas que diferían de lo que había planeado originalmente. Dormía hasta tarde, consentía a su hijo, se dedicaba a "proyectos del hogar", y se ponía al día con sus amigos y vecinos (y ni siquiera para pedirles su opinión en el ámbito de la mercadotecnia). Le llenaba de preocupación que si comenzaba a difundir la idea de iniciar un negocio, las personas podrían opinar que estaba siendo demasiado ambiciosa para su nivel de talento, esperasen que fuese un fracaso, o peor aún, que fuese un éxito. No podía lidiar con la presión que le generaban tales expectativas.

La procrastinación se coló en la escena. Y así, las dos semanas transcurrieron sin más, y lo único que Esther logró fue hacerle honor a la palabra "vacaciones". Silenciosamente, el sueño fue relegado a un rincón de su mente, y casi se sintió un poco tonta por haber estado tan emocionada y esperanzada hace apenas un par de semanas. Sin embargo, cuando regresó a la oficina, la idea de tener su propio negocio de repostería no paraba de rondar su mente, aún más como una fantasía que como un plan. Aunque no lograba visualizar la forma de materializar su sueño, no podía dejar de pensar al respecto. Y tenía la sensación de que seguiría pensando en ello una y otra vez.

¿En qué consiste la perseverancia?

¿Qué crees que salió mal en la situación de Esther? ¿Le faltó concentración? ¿Disciplina? ¿Acción? ¿Persistencia? Puede que opines que Esther era muy perezosa o que simplemente no estaba lo suficientemente interesada en el proyecto.

Si crees que le faltaban todas las anteriores, en realidad te refieres a un único concepto: perseverancia.

La perseverancia se encuentra relacionada a la concentración, disciplina, acción y persistencia, pero no es sinónimo de ellas. En cambio, es una amalgama de todas las anteriores; una buena analogía sería la de esos típicos robots gigantes del anime japonés cuyo cuerpo se forma mediante la fusión de partes robóticas individuales más pequeñas. Como en *Power Rangers* o *Voltron*, para ser más específicos. Y de forma muy similar a como cada robot pequeño forma una parte distinta del cuerpo del robot gigante, lo mismo ocurre con estos cuatro elementos (concentración, disciplina, acción y persistencia), los cuales corresponden a una parte del cuerpo que, al ser combinada con el resto, forma el concepto de la perseverancia.

La cabeza: la concentración. La perseverancia implica concentración. Se relaciona con la cabeza porque es la concentración lo que mantiene la mente en el proyecto y la mirada en la recompensa. La concentración te ayuda a definir cómo perseverar y orientar tus acciones para lograr tu visión. Verás, perseverar no se reduce a hacer un esfuerzo sin más; implica hacer un esfuerzo que vaya *orientado* hacia un objetivo en específico. Al estar concentrado, ningún esfuerzo es en vano. Esto genera una línea de visión única, de manera que se adopte el camino más eficiente hacia la meta.

Volviendo a la situación de Esther, si se hubiese concentrado en el sueño de iniciar un negocio, hubiese organizado mejor su tiempo libre, programando actividades en aras de cumplir dicho sueño. En lugar de ello, entró en un modo de "investigación" extenso que carecía de dirección alguna, y no tardó en sentirse abrumada. "Iniciar un negocio" es una buena meta, pero en este caso, carecía de especificidad, y los esfuerzos de Esther se dispersaron en lugar de canalizarse hacia un único objetivo.

La columna vertebral: la disciplina. La columna vertebral de la perseverancia, la disciplina, es lo que te permite concentrarte en la tarea y trabajar cuando sea necesario, incluso si no quieres hacerlo. Es la habilidad de ejercer autocontrol para mantenerse concentrado en la tarea a realizar, a pesar de las tentaciones y distracciones que podrías encontrar en el proceso.

Este elemento es esencial para la perseverancia, pues es lo que te brinda el poder de orientar tus pensamientos, emociones, y acciones hacia un objetivo que tenga relevancia para ti. Sin disciplina, no serías capaz de esforzarte de manera constante en una tarea hasta completarla, lo cual resume muy bien de qué se trata la perseverancia.

Así como la cabeza se encuentra conectada a la columna vertebral, la concentración va de la mano con la disciplina. Si estás concentrado en tu deber, la disciplina fluirá de forma natural. Del mismo modo, si tienes disciplina, será más sencillo concentrarte en tu deber y evitar las distracciones. La disciplina, al igual que la columna vertebral, te mantiene erguido, de manera que no colapses.

De haber tenido la disciplina necesaria, Esther hubiese sido capaz de evitar dedicarle todo su tiempo libre a meras actividades de ocio. No tiene nada de malo recuperar algunas horas de sueño perdidas o compartir con tus seres queridos, pero si dedicas todo tu tiempo a tales actividades y no haces nada productivo, se pierde el equilibrio. El ocio es una parte importante de la vida, pero si resulta excesivo y sustituye la productividad razonable, se convierte en un vicio.

Las extremidades: la acción. La acción, que representa las extremidades de la perseverancia, implica priorizar la ejecución y el mero hecho de avanzar. Esto es lo que hace que la perseverancia requiera más que concentración y disciplina. La perseverancia es una intención que se traduce en forma de acciones. Son estas acciones las que causarán progreso en el mundo real y te llevarán de un Punto A a un Punto B, los cuales representan tu posición actual y donde yace el cumplimiento de tus objetivos, respectivamente.

Es el aspecto visible de la perseverancia, el que sí puede observarse, medirse y evaluarse en relación a tus objetivos. Por lo tanto, la acción resulta fundamental para la ejecución de los planes y el cumplimiento de los objetivos, pues sin ella, los planes siguen siendo abstractos y las metas siguen siendo sueños.

Si tan solo Esther se hubiese ceñido a la primera parte de su plan, investigar, al menos hubiese dado un pequeño paso hacia iniciar el negocio de sus sueños. La ironía es que, muchas veces, mientras más grandes son nuestros planes abstractos, más difícil puede ser el acto de dar pasos pequeños y relevantes. Las acciones son lo que separan a un sueño de la realidad; pero no es necesario que estas cumplan de golpe con el objetivo final.

El corazón: la persistencia. Por último, en el centro de la perseverancia, se encuentra la persistencia. La persistencia consiste en apegarte con firmeza a una actividad durante un período de tiempo prolongado, incluso cuando te topas con obstáculos que podrían tratar de *desapegarte*. Es la tenacidad de ceñirte a un procedimiento a pesar de las dificultades. No basta comenzar; tienes que ceñirte a ello hasta que esté terminado.

Perseverar se trata de tener suficiente "corazón" para seguir avanzando a pesar de los obstáculos, distracciones y tropiezos. Muchas de las metas más importantes en la vida exigen más que un simple trote; exigen de un maratón. Si tu corazón no está preparado para recorrer semejante distancia, te detendrás a medio camino y tirarás la toalla antes de llegar a la línea de meta. Muchas personas, muy a su pesar, descubren tener el suficiente corazón para inspirarse a iniciar un proyecto, pero no el suficiente para llevarlo a su debido término.

¿Tenía Esther la persistencia necesaria para cumplir su sueño? Parece que esta pregunta ni siquiera aplicaba para Esther, pues dicha interrogante solo puede surgir si se han tomado las suficientes medidas como para toparse con varios obstáculos durante un período de tiempo prolongado. Debido a que Esther se detuvo antes de dar el primer paso, el factor persistencia ni siquiera entró a la ecuación.

También vale la pena mencionar que todos los demás aspectos (la cabeza, la columna vertebral, las extremidades) hubiesen ayudado a Esther a mantener la motivación y persistencia durante la etapa inicial del proyecto, la cual puede llegar a ser un poco accidentada. Sin embargo, al no contar con dichas bases, su determinación se desmoronó a la primera dificultad (o, a decir verdad, ni siquiera hizo un buen trabajo preliminar).

Y allí lo tienes: las partes individuales constituidas por la concentración, disciplina, acción y persistencia se combinan para convertirse en el superrobot llamado "perseverancia" y "terminar lo que se empieza". Resulta gratificante y satisfactorio ser capaz de hacer acopio de nuestra concentración, disciplina, acción y persistencia para ver nuestros sueños materializados a raíz de ello. Dominar dos de estas áreas no es suficiente; todo el mecanismo debe estar dirigido hacia el mismo objetivo, trabajando al unísono.

Pero si la perseverancia es tan estupenda, ¿por qué no la aplicamos todo el tiempo? La respuesta corta es por su dificultad. La respuesta larga (la cual también explica el porqué de la dificultad) se detalla a continuación.

¿Por qué no perseveramos?

Cuando nos toca pensar sobre lo que queremos hacer, lo que debemos hacer o lo que los demás deben hacer, solemos actuar como expertos en la materia. Nuestra imaginación se desborda, nuestros planes se trazan mágicamente sin mucho esfuerzo, y la imagen mental de un futuro de ensueño se hace vívida en un abrir y cerrar de ojos.

Sin embargo, cuando llega el momento de dejar la pereza a un lado y perseverar con nuestras acciones, solemos actuar no solo como novatos, sino como participantes reacios. Cuando llega el momento de la verdad, muchas veces somos incapaces de encontrar la concentración, disciplina, acción y persistencia necesaria para cumplir nuestro objetivo.

En ocasiones, entramos al campo de batalla sin la cabeza o la columna vertebral; otras veces sin las extremidades o el corazón. Creemos poder invocar dichas partes cuando las necesitemos, pero una vez en el campo de batalla descubrimos que no es tan sencillo como creímos al principio. Aunque podamos trazar un plan mental o comprender desde el punto de vista intelectual por qué cierto procedimiento es el correcto, de alguna forma esto no parece facilitar la situación cuando nos enfrentamos a una actividad exigente en la vida real.

La emoción y el entusiasmo con los que trazamos todos nuestros sueños y planes comienza a decaer tan pronto nos percatamos de lo mucho que tendremos que esforzarnos para hacerlos realidad. No perseveramos, y no es por carecer de habilidad o inteligencia.

No perseveramos por dos razones principales: contamos con toda una serie de (1) *tácticas inhibidoras* y/o (2) *obstáculos psicológicos* que nos impiden terminar lo que empezamos. En otras palabras, existen factores a los que les permitimos, bien sea de forma consciente o inconsciente, que drenen nuestro entusiasmo y detengan nuestros planes de forma abrupta. A continuación, trataremos cada uno de estos factores.

Tácticas inhibidoras

Las tácticas inhibidoras hacen referencia a las estrategias que aplicamos para darle un uso incorrecto a nuestro tiempo y esfuerzo, impidiendo así que seamos capaces de perseverar. Son formas de sabotearnos a nosotros mismos, en ocasiones de forma consciente. Dichas tácticas, las cuales incluyen (1) establecer los objetivos incorrectos, (2) procrastinación, (3) entregarse a las tentaciones y distracciones, y (4) desaprovechar el tiempo, nos impiden aprovechar al máximo nuestro tiempo y energía con fines productivos.

Establecer los objetivos incorrectos. Una de las maneras en que obstaculizamos la perseverancia es estableciendo los objetivos incorrectos, como es el caso con aquellos que resultan demasiado abstractos o sencillamente imposibles de alcanzar. Establecer los objetivos incorrectos es como comprar el mapa equivocado para salir de viaje; nos impide perseverar en nuestra iniciativa porque las direcciones están distorsionadas y resultan confusas. A la larga, esto causa que perdamos la paciencia y la voluntad para seguir el viaje, el cual solemos abandonar a medio camino.

Cuando nuestros objetivos son demasiado abstractos, nos sentimos desorientados en cuanto al procedimiento que debemos seguir para alcanzarlos. Por ejemplo, si decimos que nuestro objetivo es estar más saludable y ni siquiera especificamos lo que queremos decir con "más saludable", tenemos menos probabilidades de tomar medidas hacia el cumplimiento de dicho objetivo. Queremos perseverar, pero no sabemos cómo.

Cuando nuestros objetivos son demasiado ambiciosos o poco realistas para un mortal, sentimos que estamos apuntando hacia la cima de una escalera imposiblemente alta y sin un solo peldaño. Lo maravilloso de esta táctica es que nadie podrá acusarnos de no habernos esforzado lo suficiente para subirla, pues, para empezar, no tiene peldaños. Quedamos absueltos de la culpa de no haber perseverado. Usemos como ejemplo al gerente de una fábrica que busca duplicar la producción a pesar de las limitaciones logísticas que existen.

Ya que, a fin de cuentas, el objetivo es imposible de alcanzar, no importa si persevera o no, y así queda libre tanto de la molestia de perseverar como de la culpa por no haberlo hecho. Tal como se mencionó anteriormente, esto podría ser un proceso completamente inconsciente.

Cuando nuestros objetivos no son específicos, no estamos incluyendo la "cabeza" en la ecuación, y estamos dando los primeros pasos hacia el fracaso. Algunas personas tienen el hábito de fijar objetivos que suenan maravillosos, pero que resultan muy poco realistas, y la fecha de culminación más específica que pueden proponer es "algún día"

Procrastinar. Esta es una de las tácticas más usadas de todo el libro. De algún modo, tenemos un talento excepcional para aplazar el trabajo hasta el último minuto, cuando tenemos la imperiosa necesidad de hacerlo. De hecho, tenemos tanto talento para aplazar el trabajo que podríamos convencer a los demás (e incluso a nosotros mismos) de que estamos trabajando incluso cuando no lo estamos.

Una forma de procrastinar es a través de la planificación infinita. Planificamos todos los detalles de nuestra tarea, y en cuanto terminamos de planificar, decidimos que el plan necesita revisión o la tarea en sí necesita ser replanteada desde cero. Posteriormente, trazamos un plan para una nueva tarea, y así sucesivamente; todo esto mientras ignoramos convenientemente que toda esta planificación también supone una forma de procrastinación.

La consecuencia es que nos dedicamos a la resolución de un problema artificial en un intento de evitar el problema real, ese que tanto nos intimida. Este mecanismo de defensa resulta particularmente efectivo si logras fingir que estás esforzándote y avanzando. Como ejemplo, se podrían citar a las muchas personas que se quedan estancadas en el ámbito académico al "estudiar" una carrera que, a ciencia cierta, no saben cómo empezar. Otro caso es el de un escritor que se obsesiona con desarrollar el sistema perfecto de notas con el único propósito de evitar el momento de tener que sentarse y escribir la novela como tal. Básicamente, es un fenómeno mejor conocido como *procrastinación productiva* porque te brinda la sensación de estar avanzando, pero en realidad solo te estás moviendo en círculos.

Si tenemos la oportunidad de postergar una tarea, solemos hacerlo porque es sencillo, cómodo, y reduce el estrés. Así es como muchas oportunidades de éxito se quedan en eso: "oportunidades". Un río de "despueses" termina desembocando en un mar de "nuncas".

Tentaciones y distracciones. El camino de la perseverancia sería más fácil de transitar, y estaría libre de retrasos, si fuese como un pasillo de paredes blancas. Si no tuvieses alternativa, podrías concentrarte sin problemas en trabajar, trabajar y trabajar. Por desgracia, no es así. El camino se encuentra plagado de adornos brillantes, señales de desvío despampanantes, y tentadoras paradas de descanso. Hoy en día, hay tentaciones y distracciones por doquier, cuando algo tan simple como una notificación en la pantalla del teléfono inunda nuestro cerebro con sustancias químicas placenteras que, a su vez, nos mantienen pegados al teléfono durante mucho más tiempo.

Usemos como ejemplo a una encargada de mercadotecnia con la misión de diseñar una campaña para promocionar un nuevo producto. Tiene muy clara la investigación que necesita realizar, los reportes que necesita escribir y las presentaciones que necesita comenzar a preparar. Sin embargo, en lugar de perseverar y mantener la concentración para ejecutar las tareas con mayor rapidez, le dedica mucho tiempo a conversaciones de Snapchat, maratones de Youtube y navegación interminable por Instagram. A la larga, puede que la investigación sea terminada, los reportes escritos y las presentaciones preparadas, pero es probable que fallen en reflejar el verdadero potencial de la persona.

Por supuesto, es imposible eliminar todas las tentaciones y distracciones del mundo. Después de todo, estas no son el problema principal. El problema principal es que carecemos del conocimiento para manejarlas de forma apropiada. Aunque las distracciones podrían abundar, existen dos formas de manejar la situación: (1) evasión estratégica y (2) uso saludable y moderado.

Primero, podríamos implementar estrategias para evitar las tentaciones y distracciones. Por ejemplo, si nos distraemos ante las constantes notificaciones de las redes sociales, podríamos programar lapsos de tiempo para cerrar sesión mientras nos concentramos en nuestro deber. Siempre es más difícil resistirse a la distracción que evitarla desde el principio. Muchas distracciones poseen una cualidad adictiva (comida chatarra, videojuegos, y el sinfín de actividades absorbentes que hay en internet), ¡pero no pueden absorbernos si evitamos acercarnos demasiado!

Segundo, podríamos lidiar con las tentaciones y distracciones de una forma saludable y productiva. No tenemos que privarnos de las actividades de ocio por el resto de nuestras vidas en aras de la perseverancia. De hecho, no es el deber ser. Con un poco de estrategia, podemos incluso convertir dichas tentaciones en recompensas que pueden aumentar nuestra motivación en lugar de menoscabarla.

Brindarnos un merecido descanso al participar en actividades de ocio nos ayudará a recuperar energía y productividad. Lo más importante es tener la disciplina necesaria para permitirnos tales gustos con moderación. Por ejemplo, podríamos brindarnos un descanso periódico de 10 minutos donde iniciemos sesión y demos un vistazo a nuestras redes sociales tras haber completado una cantidad de trabajo predeterminada.

Desaprovechar el tiempo. "Tantas cosas por hacer, y tan poco tiempo para hacerlas". ¿Cuántas veces has escuchado esta frase de labios de un colega, familiar, o de la persona que te devuelve la mirada en el espejo? ¿Y cuántas veces pudiste notar que no era tiempo lo que les faltaba, sino la habilidad de usarlo de forma productiva? Todos tenemos la misma cantidad de tiempo en un día.

Aprovechar el tiempo implica usarlo de forma que maximice la productividad y eficiencia. Saber aprovechar el tiempo involucra no solo la habilidad de programar la realización de las tareas, sino el conocimiento y la prudencia para reconocer cuándo es el mejor momento para realizarlas. Es cuestión de usar el razonamiento de orden superior para *planificar* tu vida, en lugar de transitarla a trompicones. Es cuestión de preguntarte a ti mismo: ¿Qué es lo más importante? ¿Y cómo puedo destinar la mayoría de mis recursos a dicha tarea?

Además, exige tener la disciplina para ejecutar las tareas según lo planeado y la concentración para organizar los recursos en consecuencia. Al saber aprovechar el tiempo, el horario se organiza con inteligencia y se acata sin demora, de manera que las tareas se realicen de acuerdo al plan.

Por otro lado, desaprovechar el tiempo involucra una falta de planificación, organización, concentración y disciplina. Olvidamos, pasamos por alto o fallamos en calcular cuánto tiempo nos tomará completar una tarea, provocando un efecto dominó que arruina el resto de nuestros planes. Fallamos en anticipar y garantizar los recursos que necesitamos para las actividades planificadas, lo que genera retrasos y cancelaciones. Fallamos en priorizar nuestras actividades, eligiendo dedicar nuestro tiempo a realizar tareas innecesarias, dando como resultado un proyecto infructuoso (además de una posible mirada asesina por parte del jefe).

La vida en el siglo 21 desafía nuestra habilidad para mantener el equilibrio entre la vida personal y laboral como ninguna otra época lo había logrado. Debido a que la tecnología permite más horas laborales y también más opciones de entretenimiento que nunca, parece que 24 horas ya no bastan para todas las actividades que necesitamos y queremos hacer en un día. Con semejantes demandas y estilos de vida, no saber aprovechar el tiempo se ha vuelto común, y el aprovechamiento del mismo es un superpoder que solo los iluminados parecen haber dominado.

El tiempo es limitado; al igual que la atención y la energía. No hay alternativa: si queremos cumplir un objetivo específico, necesitamos adaptar nuestro tiempo en torno a él. Si no tomamos medidas preventivas, nuestro tiempo, atención y energía siempre serán menoscabados por la distracción más próxima, y siempre estaremos "demasiado ocupados".

Además, si ni siquiera podemos aprovechar el tiempo en cuanto a tareas cotidianas, ¿cómo podemos esperar encontrar el tiempo para perseverar en nuestros planes de vida más importantes?

Obstáculos psicológicos

Los obstáculos psicológicos hacen referencia a los mecanismos internos, y muchas veces inconscientes, que nos impiden perseverar en nuestros proyectos. Entre dichos mecanismos se encuentran (1) la pereza e indisciplina, (2) el miedo a la crítica, al rechazo o al fracaso, (3) el perfeccionismo a raíz de la inseguridad, y (4) la falta de autoconciencia. Tales obstáculos psicológicos intervienen de forma interna para reprimir acciones externas, impidiéndonos así perseverar en la consecución de nuestros objetivos.

Pereza e indisciplina. En ocasiones, la razón por la que no perseveramos puede deberse a algo tan simple como tener mucha pereza o carecer de la disciplina para hacerlo. La pereza nos dificulta el levantarnos del sofá y comenzar a trabajar en las tareas importantes que nos acercarán a nuestro objetivo. Nuestra indisciplina nos hace desperdiciar el tiempo con distracciones y tentaciones. Puede que planifiquemos nuestro horario, diseñemos nuestra lista de tareas pendientes y preparemos todo lo que necesitamos, pero de algún modo carecemos de la fuerza de voluntad y disciplina para comenzar, pasar a la acción, y perseverar.

Vemos el sacrificio, sin importar lo pequeño que sea, que tenemos que hacer y decidimos que no vale la pena. El problema es que dicha actitud, aunque pueda sentirse bien al momento, en realidad va consumiendo poco a poco nuestra confianza, haciéndonos sentir que estamos teniendo un desempeño mediocre y limitando nuestro potencial.

La fuerza de voluntad es la energía que pone nuestro cuerpo a funcionar, mientras la disciplina es la concentración que canaliza dicha energía de manera que nos mantengamos en constante avance hacia el objetivo. Muchas personas cometen el error de pensar que alcanzar sus metas de vida sucederá de forma natural si lo desean con suficiente intensidad, o que está "predestinado" a ocurrir. Sin embargo, la verdad es que cualquier tarea, incluso aquella por la que sintamos mayor vocación, necesita un poco de disciplina y esfuerzo para iniciarse. Si no encontramos la forma de hacer acopio de nuestra disciplina y fuerza de voluntad, nuestros cuerpos se limitarán a seguir en estado de hibernación, incapaces de perseverar.

Miedo a la crítica, al rechazo o al fracaso. Imagínate a Lara, voluntaria de una organización local dedicada a brindar educación a los niños más necesitados. Un día, se le ocurre la idea de una campaña de recolección de fondos que atraerá más patrocinadores. De hecho, Lara es una persona trabajadora y genuinamente apasionada por lo que hace. Planifica lo que tiene que hacer e investiga a quién debe contactar para lograr sus cometidos.

Sin embargo, incluso antes de hacer la primera llamada para dar inicio al proyecto, su respiración se detiene. La invaden las dudas, y comienza a pensar: *¿Qué pasa si organizo la campaña y nadie participa? ¿Qué pasa si los líderes de la comunidad respaldan la idea pero termina siendo un fracaso? ¿Qué pasa si no recuperamos la inversión?* Así que descarta la idea por completo y su respiración se normaliza en el acto.

Lara no es una persona perezosa. No es que no haya planificado de forma apropiada o que esté procrastinando. En realidad, lo que detuvo a Lara de perseverar fue su propio miedo a la crítica, al rechazo y al fracaso. Para ella, no perseverar fue un acto de supervivencia, una forma de ahorrarse el sufrimiento que conlleva el fracaso. Ya que no realizó ninguna solicitud, no hubo oportunidad de que la rechazaran. Ya que no persiguió su objetivo, nadie podrá decirle que fracasó.

El miedo a la crítica, al rechazo y al fracaso nos impide perseverar. Creemos que por abstenernos de actuar, anulamos la posibilidad de producir algún resultado que podría estar sujeto a la evaluación o crítica de los demás. Además, si no nos evalúan o critican, tampoco seremos rechazados. Si no intentamos tomar ninguna iniciativa, sobre todo una que suponga un desafío, entonces no podremos fracasar.

Sin embargo, estas no son más que distorsiones nocivas del razonamiento. Al no pasar a la acción, ni perseverar, nos convertimos en nuestro propio juez y nos rechazamos de antemano. Podríamos reprocharnos nuestra actitud y por carecer de la valentía para atrevernos a más. Ya hemos fracasado desde el momento en el que decidimos no intentarlo.

Perfeccionismo a raíz de la inseguridad. Desde hace varios años, Paul ha estado planeando solicitar un ascenso. Se ha estado esforzando en expandir su conocimiento y habilidades profesionales, asistir a seminarios, realizar pruebas de certificación, e inscribirse en clases de posgrado. Quiere que su currículum sea perfecto, de manera que cuando finalmente solicite el acenso, esté seguro de que lo obtendrá. Para Paul, era perfección o nada.

Transcurrieron varios años más, y Paul jamás solicitó el ascenso. Sus credenciales no le parecían lo suficientemente buenas, y jamás lo hicieron. Su perfeccionismo, nacido a raíz de su miedo e inseguridad de no cumplir con los estándares de excelencia, fue lo que impidió que Paul perseverase. El problema con la actitud de "todo o nada" es que las personas suelen quedarse en el lado del "nada" si no tienen el "todo" garantizado. Muchas veces, esperar la perfección vale menos que aceptar el hecho de que seguimos en un constante proceso de aprendizaje y que no estamos exentos de cometer errores.

En lugar de tomar medidas que lo hicieran avanzar, concentró su energía en una planificación excesiva y la búsqueda de la perfección, lo cual terminó estancándolo. A ojos de un tercero, puede que Paul pareciese un obrero diligente que trabajaba en aras de su objetivo, pero en realidad estaba siendo reprimido internamente por su perfeccionismo, lo que evitaba que perseverase como tal.

Falta de autoconciencia. Por último, la falta de autoconciencia también podría ser una barrera psicológica que te impida perseverar. Debido a que muchas veces tenemos miedo de cometer errores y salir de nuestra zona de confort, nunca llegamos a saber el verdadero alcance de nuestras capacidades. Por consiguiente, muchos de nuestros intereses, pasiones y talentos se mantienen ocultos para siempre. Y al no conocer nuestras verdaderas capacidades, seguimos convencidos de que nunca lograremos nuestro objetivo, incluso si lo intentamos. Por lo tanto, no desarrollamos nuestros planes y, en el proceso, nos convertimos en los causantes de nuestro propio estancamiento.

Además, ni siquiera nos damos cuenta de que nos hemos estancado porque también carecemos de la autoconciencia para percatarnos de nuestra falta de progreso. Seguimos viviendo de acuerdo a nuestras apretadas agendas, satisfechos con la idea de que no podemos esforzarnos más de lo que ya lo hacemos. Sin embargo, si descartamos aquellas trivialidades que nos consumen tiempo y analizamos a fondo el panorama completo, entonces nos percataremos de que hemos estado evitando perseverar en las cosas que realmente importan.

Allí lo tienes: la lista de razones por las que no perseveramos. Comenzamos con emoción y entusiasmo pero terminamos excusándonos y justificándonos. Comenzamos con anticipación y terminamos con excusas. Y con mucha frecuencia no nos tomamos la molestia de ver más allá de lo que hay frente a nuestras narices, pues lo que está frente a nuestras narices es sencillo y conveniente. Una parte de nosotros no *quiere* saber las posibilidades que hay más allá, pues tenemos miedo de desearlas y tener que esforzarnos para alcanzarlas.

Sin embargo, llénate de valentía por un momento, y por el bien de tu felicidad y crecimiento personal, considera cómo cambiaría tu vida si lograses que la perseverancia se convirtiese en un hábito.

¿Qué ocurre cuando sí perseveramos?

Perseverar es el camino más difícil, pero los posibles beneficios hacen que el esfuerzo valga la pena. Si desarrollas el hábito de perseverar, serás capaz de aumentar tu productividad, aprovechar cada oportunidad al máximo y descubrir tu verdadero potencial. Tus metas académicas y profesionales serán la brújula de tu vida, en lugar de representar meras frustraciones y sueños imposibles.

Ser una persona perseverante también mejorará tus relaciones personales. Descubrirás que a medida que seas constante en el cumplimiento de tus deberes, ganarás y conservarás la confianza de tus supervisores, colegas y empleados. Más importante aún, desarrollarás una relación más íntima con tu pareja, hijos y amigos. Tendrán la certeza de que pueden confiar en tu palabra porque te han visto ceñirte a los planes y cumplir lo que prometes.

Además, perseverar te ayudará a desarrollar una mejor relación contigo mismo. La perseverancia te obliga a tener un contacto más íntimo con tus propios deseos, necesidades, capacidades y miedos, de manera que puedas tomar las riendas de tu vida en lugar de ser un mero esclavo de tus miedos inconscientes y de la presión social. Esto te brinda una mayor sensación de dignidad y confianza; cuando sabes de lo que eres capaz, sentirás menos temor la próxima vez que te enfrentes a un desafío, y así lograrás mantener la frente en alto.

En resumen, la perseverancia es la poderosa combinación entre concentración, disciplina, acción y persistencia. Es la fuerza que te impulsa a alcanzar mayores logros profesionales, mejores relaciones personales, y un nivel más alto de satisfacción personal. Más que algo que somos, es algo que *hacemos*, mediante concentración y acciones constantes.

Sin embargo, tanto los obstáculos basados en tácticas como aquellos basados en aspectos psicológicos, muchas veces pueden reducir tu constancia en el cumplimiento de tus sueños y objetivos. Puede que tengas la pasión y motivación para tomar la iniciativa, pero es probable que tu fuego interior comience a extinguirse a medio camino. Para avivarlo, primero debes entender lo que te está limitando y equiparte con las técnicas y herramientas psicológicas adecuadas que te ayudarán a perseverar en tus proyectos.

Recuerda la historia de Esther que se narró al inicio del capítulo. La oficinista se tomó unas vacaciones con la esperanza de iniciar su propio negocio, pero falló en perseverar porque sucumbió a la tentación de entregarse a actividades de ocio y la invadió el miedo al rechazo y al fracaso. En lugar de aprovechar el tiempo para establecer objetivos realistas y actuar en aras de construir la vida que soñaba, terminó regresando a una vida que no disfrutaba.

Imagínate si Esther estuviese consciente de las barreras que le impedían perseverar. Supongamos que hubiese aplicado las tácticas y herramientas psicológicas adecuadas para contrarrestar dichas barreras y, a la larga, hubiese tenido éxito en crear su negocio de repostería en casa. Todos los días se levantaría emocionada por tener la oportunidad de trabajar en algo que le apasionaba. Podría pasar todos los días cerca de su hijo viéndolo crecer. Estaría viviendo la vida que hasta ahora solo había podido soñar.

Tómate un momento para analizar tu propia vida. Intenta identificar una situación donde emprendiste un proyecto y fracasaste en terminarlo. Quizá te sientas identificado con alguno de los obstáculos descritos en los párrafos anteriores. ¿Estás siendo perseverante con lo que realmente deseas en tu vida? ¿O sueles ser víctima de las tácticas y barreras psicológicas que te impiden hacerlo?

Si respondiste a la última pregunta, entonces sigue leyendo. Las siguientes páginas te brindarán las herramientas necesarias y te mostrarán el camino para desarrollar la importante habilidad de perseverar.

Moralejas:

- El arte de la perseverancia te permite alcanzar la vida que realmente deseas, en lugar de conformarte con la que llevas actualmente.
- Puede decirse que dicha cualidad está compuesta de cuatro elementos:

concentración, disciplina, acción y persistencia; cada uno igual de importante que el anterior. La concentración es nuestra "cabeza", la cual nos permite establecer objetivos concretos; la disciplina es nuestra "columna vertebral", la cual nos mantiene erguidos y trabajando de forma diligente en función de nuestros objetivos; la acción representa nuestras "extremidades", y convierte nuestros objetivos en una realidad concreta; y la persistencia es nuestro "corazón", o la habilidad de superar los obstáculos con valentía, dedicación y pasión.

- Sin embargo, esto no se reduce a saber que tienes que hacer alguna tarea y hacerla sin más. Hay razones poderosas que muchas veces nos impiden perseverar y terminar lo que empezamos. Estas razones, por lo general, pueden dividirse en dos grupos: tácticas inhibidoras y obstáculos psicológicos.
- Las tácticas inhibidoras son las formas en que nos saboteamos sin siquiera percatarnos de ello. Estas incluyen (1)

establecer los objetivos equivocados, (2) procrastinar, (3) entregarse a las tentaciones y distracciones, y (4) desaprovechar el tiempo.
- Los objetivos equivocados son aquellos que resultan poco definidos, poco realistas, poco cuantificables y que carecen de una fecha de culminación establecida. La procrastinación y distracción ocurre cuando carecemos de concentración, preparación y disciplina, y desaprovechar el tiempo, de forma similar al elemento anterior, es la falta de intención deliberada, y la incapacidad de usar nuestros recursos con sabiduría.
- Los obstáculos psicológicos son aquellos que nos impiden perseverar porque activamos mecanismos de defensa sin tener conciencia de ello. Estos incluyen (1) pereza e indisciplina, (2) miedo a la crítica, al rechazo y al fracaso, (3) perfeccionismo a raíz de la inseguridad, y (4) falta de autoconciencia.
- Podemos escudriñar nuestra propia vida y ver cuáles son los factores que afectan nuestra capacidad de perseverar. En cuanto entendamos que estamos

entorpeciendo nuestro progreso, y cómo lo estamos haciendo, podremos comenzar a superar los obstáculos y liberar nuestro verdadero potencial.

Capítulo 2: Cómo mantener la motivación

¿Qué te impulsa a perseverar y terminar lo que empezaste? ¿Cómo puedes mantener la motivación?

Consideremos el caso de una mujer llamada Sally. Sally es una idealista, así que inició una organización benéfica para ayudar a los más necesitados. Lo que no anticipó fue la cantidad de desafíos que implicaba dicha iniciativa. No se percató de que trabajar en un ámbito sin fines de lucro también incluye labores empresariales, y que sus deberes implicarían mucho más que ayudar a las personas.

Cada vez que se topaba con un desafío en términos de obtener financiamiento, competir con otras organizaciones benéficas por donaciones y subvenciones, y crear estrategias de mercadotecnia para despertar interés por la causa, se sintió abrumada. "¡¿Por qué es tan difícil lograr que las personas se interesen en ayudar al prójimo?!", se cuestionaba a sí misma.

Sally no tardó en perder el interés en su labor; simplemente involucraba demasiada socialización y sentimientos negativos. Odiaba escribir cartas para solicitar una subvención y asistir a eventos benéficos. No le tomó más de un par de meses desistir de una causa que le apasionaba. Las personas se preguntaban por qué había dejado de trabajar en algo que significaba tanto para ella.

Uno de los principales factores en el fracaso de Sally fue su incapacidad de anticipar y planificar tomando en cuenta los aspectos negativos de su fundación. Imaginó que su trabajo giraría más en torno a ayudar a las personas que a obtener financiamiento. Debido a que su objetivo era lo único que le brindaba la motivación necesaria para perseverar, no adoptó ninguna estrategia que le ayudase a superar los aspectos negativos del lado empresarial de su fundación.

Sin embargo, el verdadero problema de Sally fue haber fracasado en encontrar una fuente de motivación genuina. Necesitaba haber encontrado una fuente de motivación genuina que le ayudase a perseverar a pesar de lo desalentador que podrían resultar los aspectos negativos de su iniciativa. Creando un equilibrio entre su sueño, lo positivo, y lo negativo, lo negativo se hubiese convertido en un obstáculo aceptable para el cumplimiento de su noble objetivo.

Otra manera de haber conservado la motivación era recordándose *por qué* había emprendido el proyecto en primer lugar y cómo cada una de sus acciones, incluso las que odiaba, conducían hacia el cumplimiento de aquel sueño idealista. En este ejemplo se hace evidente que la primera etapa del proyecto suele ser la más sencilla. Al principio, nuestro entusiasmo puede opacar la verdadera cantidad de esfuerzo que involucra el proyecto. Algunas personas podrían decir, por ejemplo, que están completamente preparadas para adelgazar y llevar un estilo de vida más saludable, ¿pero qué es lo que les emociona realmente? ¿La expectativa de ser delgado y saludable, o la idea de ser constante con la dieta, todos los días, durante meses?

Sally es un excelente ejemplo de lo ineficiente que resulta depender únicamente de la pasión como motivo para perseverar. La pasión es como el empujón que te hace arrancar, pero para mantener la marcha necesitarás un combustible más duradero.

En ocasiones, simplemente no nos importa lo que estamos haciendo, y, por consiguiente, no perseveramos. Perdemos potencia debido a la apatía. Esto es fácil de entender. Un par de tropiezos pueden bastar para demostrarnos que no estamos tan comprometidos como creíamos. Sin embargo, el interés no es siempre la clave de la perseverancia. Algunas veces, incluso cuando algo nos interesa, somos incapaces de perseverar porque carecemos del impulso necesario para hacerlo.

Esta falta de motivación se debe a una marcada desconexión entre tres aspectos importantes: (1) lo que nuestros intereses representan, (2) los beneficios que obtenemos de nuestras acciones, y (3) la posibilidad de evitar las consecuencias negativas inherentes a nuestra causa. Cuando perdemos motivación, es porque no estamos lo suficientemente compenetrados con ninguno de los aspectos anteriores, los cuales, en conjunto, generan *motivación*.

¿Qué es la motivación? La motivación gira en torno a algo muy importante para ti. Algo que te hace querer esforzarte para cumplir tu objetivo. Algo que no solo te impulsa, sino que evita que desistas en el proceso. Además, tienes que minimizar las consecuencias negativas relacionadas a tu labor y, al mismo tiempo, maximizar los beneficios positivos que recibes de la misma.

El error que algunos cometemos es asumir que todo esto ocurrirá por sí solo, sin que movamos un solo dedo. Sin embargo, es necesario reflexionar sobre nuestra motivación y la fuente de la misma. Hay muchas maneras de definir el concepto de motivación, pero un buen esquema para analizarlo es el de los incentivos *externos* e *internos*.

Incentivos externos

Los incentivos externos implican el uso de fuentes ajenas a la persona como motivación para llevar a cabo una tarea. Son otras personas o circunstancias las que impulsan tus acciones. Actúas con el propósito de evitar una circunstancia negativa o generar una circunstancia positiva en relación a las personas o cosas que te rodean. Esto se refiere a recompensas, castigos, estímulos, elogios, aprobación, beneficios monetarios, victorias, etcétera.

En el sentido más típico, los incentivos externos giran en torno a evitar las consecuencias negativas. Por ejemplo, podrías querer evitar que tu familia se lleve una decepción con tu fracaso, así que estás decidido a triunfar. Podrías temer que te despidan, así que actúas con circunspección. La mayoría de estos incentivos son castigos o consecuencias negativas que estás desesperado por evitar. La única motivación externa positiva es el autosoborno.

A pesar de ello, puedes sacarle mucho provecho a los incentivos externos si haces que actúen a tu favor (y esto requiere que, para empezar, sepamos identificarlos). Tratar de evitar una consecuencia negativa puede suponer un excelente impulso para realizar una acción, y resulta una gran alternativa para todas aquellas acciones que, a decir verdad, no te despiertan el más mínimo entusiasmo, pero que aun así necesitan llevarse a cabo. Nadie quiere sufrir. Si sabes que no perseverar causará alguna clase de sufrimiento, harás lo que sea necesario para evitar semejante consecuencia. Por lo tanto, sientes que tu única alternativa es perseverar.

Rendirle cuentas a alguien. Esto se refiere a contar con alguien que te exija resultados. Es una persona con la que te comprometes a realizar cierta actividad. Este individuo te indica cuándo tienes que pasar a la acción, y te reprende cuando quieres tirar la toalla. De igual forma, se encargará de darte lata cuando no quieras perseverar.

Debido a que no quieres decepcionar a esta persona, hay más probabilidades de que pases a la acción. Confías en que este individuo te brindará la motivación necesaria para evitar la deshonra, así que asumes la responsabilidad de tus actos y de tus objetivos para evitar algún comentario negativo de su parte. También podrías querar evitar que esta persona se lleve una decepción, pues ella cuenta con que trabajarán juntos para alcanzar un objetivo. Los humanos son criaturas sociales que pueden sentirse muy motivados a raíz de este impulso. Puede que todas las mañanas le reproches a tu compañero por obligarte a trotar, ¡pero gracias a él es muchísimo más probable que lo hagas!

Rendirle cuentas a un grupo. Rendirle cuentas a un grupo puede ser más efectivo que hacerlo con un único individuo. Cuando tienes que rendir cuentas a varias personas, enfrentas la posibilidad de verte expuesto a una mayor vergüenza; la vergüenza y decepción que implica fracasar ante un grupo de personas es una sensación horrible que querrás evitar.

Además, incluso si una persona se retira del grupo, seguirás contando con otras que te exigirán resultados. Puede ser difícil depender del compromiso de un único compañero, pero un grupo te brinda un grado de presión mucho más estable. Aunque no todo es presión: tener más personas a quienes rendir cuentas y pedir orientación puede ayudarte a no perder el rumbo y a evitar el fracaso, al igual que brindarte la sensación de que todo el grupo está cooperando para lograr una meta en común. Esto puede proporcionarte un beneficio psicológico en aquellos días donde tu motivación esté un poco apagada.

Invertir dinero. El riesgo de perder dinero es otro incentivo que puedes usar a tu favor. Un buen ejemplo de este tipo de incentivo es tener que pagar una membresía costosa en el gimnasio, lo que te hace querer ir con más frecuencia al mismo. No quieres malgastar el dinero, así que vas al gimnasio para que la membresía que pagaste valga la pena.

Otro ejemplo sería invertir mucho dinero en un curso. Quieres terminar el curso porque pagaste mucho por él y sería una lástima desperdiciar la inscripción. Al realizar una inversión monetaria de antemano e incluso antes de que te sientas preparado para comenzar, te sentirás impulsado a perseverar para no malgastar el dinero y perder la inversión. En este caso, lo que más te impulsa es la culpa de haber gastado dinero en algo que nunca usaste o hiciste.

Puedes ir un paso más allá al contratar a algún tipo de asesor o entrenador. Decimos que es un paso más allá porque pagarle a un individuo que te exija resultados supone tanto una inversión monetaria como obtener una figura a quien rendirle cuentas. Ahora tienes dos motivos para no rendirte o retractarte de tu compromiso. No quieres desperdiciar dinero ni escuchar que has fracasado de labios de un individuo que te exige resultados y se siente decepcionado de tu desempeño.

Por último, puedes darle dinero a otra persona y decirle que no te lo devuelva hasta que culmines una actividad. Cuando le das $500 a un amigo y le indicas que no te los devuelva hasta que completes alguna tarea, no tardarás en descubrir que tu ética laboral tiene un precio. Si $500 no son suficientes, asegúrate de subir la apuesta la próxima vez para hacer que valga la pena.

Autosoborno. Un último incentivo externo es sobornarte a ti mismo. Esto consiste en prometerte una recompensa si culminas el proyecto. Por lo tanto, permites que dicha recompensa te impulse y te ayude a superar las dificultades. Por ejemplo, podrías pensar en la posibilidad de cumplir tu sueño de ir a vacacionar en la playa si ahorras con sabiduría y generas el suficiente dinero para tener una reserva. Tener en mente la ilusión que te hace ir de vacaciones a la playa puede suponer un potente recordatorio cada vez que quieras gastar dinero.

Las motivaciones externas, por lo general, giran en torno a la evasión de emociones negativas, así que descubre cuáles son las emociones negativas que estás evitando o puedes usar a tu favor. Posteriormente, permite que la necesidad de evitar dichas emociones sea la que te impulse. Evitar las emociones sociales negativas resulta efectivo porque nadie quiere sentir vergüenza, culpa o rechazo. Incluso cuando nos sentimos apáticos y poco inspirados, seguimos estando lo suficientemente motivados para evitar el sufrimiento, y este hecho puede ser usado a nuestro favor si lo planificamos con sabiduría. Usa tu miedo a las emociones sociales negativas como vehículo para llevar a término los proyectos o compromisos.

Incentivos internos

Los incentivos internos giran en torno a tus *deseos*, y no a evitar un castigo o consecuencia negativa.

Los incentivos internos, tal como su nombre lo indica, vienen de nuestro interior, y muchos podrían afirmar que son más genuinos y duraderos que sus contrapartes externas. Esta es el área de los valores, principios y preferencias personales, al igual que de la curiosidad y el interés genuino. Las personas que estudian porque les apasiona el tema, realizan una labor porque valoran el dominio que obtienen, o que asisten a terapia de pareja porque tienen el deseo genuino de mejorar su relación, sienten motivación interna.

Si lo único que te motiva es evitar una consecuencia negativa, puede que llegue un punto en el que te des cuenta que dicha experiencia resulta perfectamente tolerable, y hasta ahí llega tu motivación; en ocasiones, simplemente te limitarás a enfrentar a las consecuencias.

En algunos casos, depender de temores e incentivos externos no resulta tan eficaz como actuar en aras de tus deseos y pasiones. Por lo tanto, los incentivos internos pueden llegar a ser mejores fuentes de motivación que los externos. Podemos analizarlo de la siguiente forma: si lo que te impulsa es el miedo a enfrentar una consecuencia negativa trascendental, la motivación externa es ideal para ti, mientras que la motivación interna resulta más apropiada si sabes lo que quieres y tienes poco que temer. Puede que necesites motivación externa para completar una tarea como sacar la basura, pero es probable que necesites recurrir a tu motivación interna cuando te encuentres considerando un objetivo profesional o algún plan trascendental.

Los incentivos internos son lo que te impulsan a pasar a la acción y a hacer un esfuerzo. Imagínate a un burro que avanza para alcanzar la zanahoria. Los incentivos internos son la zanahoria, mientras que los incentivos externos son la vara que la sostiene. Los incentivos externos te impulsan mediante el miedo o una consecuencia desagradable, mientras los incentivos internos te hacen sentir que alcanzar tu objetivo te brindará una enorme recompensa y un sinfín de beneficios.

Mientras más incentivos internos seas capaz de expresar, mayor será tu motivación para perseverar y culminar el proyecto. Plantéate las siguientes preguntas para determinar cómo te beneficiarás, y, posteriormente, permite que dichos beneficios te impulsen a seguir. Los incentivos internos suelen ser más uniformes porque responden a los deseos y necesidades universales de las personas.

¿Qué obtendrás de esta iniciativa? Puede que obtengas dinero o una sensación de alegría y realización personal. Te estás acercando a tu meta, lo cual puede significar mucho en términos de beneficios. Sé honesto con respecto a tus expectativas.

¿Cómo cambiará o se beneficiará tu vida? Si generas más dinero, puede que seas capaz de comprar una mejor casa o un auto más lujoso. O puede que seas capaz de superar un estado depresivo al sentirte más realizado como persona.

¿Cómo se beneficiará tu familia? Tu familia es muy importante para ti, así que conviértela en uno de tus incentivos. Imagina lo felices que estarán cuando les brindes una mejor calidad de vida y los llenes de orgullo. Imagina renovar el vestuario escolar de tus hijos, vivir en un vecindario más seguro, y tener la posibilidad de costear una escuela y universidad privada.

¿Qué impacto tendrás en los demás? Quizás te conviertas en un modelo a seguir para algunas personas, lo cual, a su vez, te hará sentir importante y mejorará tu autoestima. Quizás puedas donar a una organización benéfica u obsequiar ropa y calzado a las personas más necesitadas cuando el invierno esté a la vuelta de la esquina. Quizás puedas realizar una donación para la construcción de nuevas instalaciones en tu

comunidad, las cuales serán nombradas en tu honor.

¿Qué emociones positivas obtendrás? Piensa en la alegría, orgullo y autoestima que obtendrás tras la consecución de tu objetivo. Después de todo, esta podría ser la raíz de todas las iniciativas altruistas.

¿Cómo contribuirán tus acciones a tus objetivos a corto y largo plazo? ¿Estás avanzando hacia tus metas? Piensa en el proceso que implica terminar una novela, por ejemplo, la investigación y la cantidad de palabras en sí. Posteriormente, piensa en los pasos que realizas cada día para cumplir tu objetivo.

Usar incentivos internos en tu vida cotidiana puede ayudarte mucho a perseverar en todas las tareas que debas completar. Incluso cuando la situación se torna difícil y consideras tirar la toalla, terminar lo que empezaste es mucho más fácil cuando te concentras en cómo se beneficiará tu mundo. Cuando te enfrascas en la aburrida y, en ocasiones, ardua labor de cumplir tus sueños, puede ser difícil encontrar el motivo para perseverar. Sin embargo, con las motivaciones internas, puedes recurrir a tus valores más profundos y recordarte de los beneficios que traerán tus acciones, los cuales suelen superar con creces las dificultades pasajeras que estás enfrentando.

Por lo tanto, cada vez que tengas que hacer una actividad que te desagrade, piensa cómo te acercará a tus objetivos. Además, cada vez que te invada el aburrimiento o la fatiga mientras trabajas en función de tus objetivos, piensa en la enorme satisfacción que sentirás al cumplirlos. Todos los días, repasa tus objetivos y por qué quieres cumplirlos. Posteriormente, haz que esta reflexión te motive e impulse hacia la culminación del proyecto.

Responde las preguntas anteriores y considera escribirlas en algún lado. Revisa las respuestas de vez en cuando para recordarte por qué quieres cambiar o mejorar tu situación actual. Puedes usar una combinación tanto de incentivos internos como externos, pero, en cualquier caso, asegúrate de analizar tus acciones de forma deliberada, así como al gran *motivo* subyacente.

¿Qué es el costo de oportunidad?

Perseverar y terminar lo que empezaste siempre exigirá un sacrificio.

Tienes que invertir dinero, tiempo y esfuerzo que podrías usar para cosas que te apasionan con el propósito de comprometerte en proyectos que tienes que completar. Debido a que, por definición, a nadie le gustan los sacrificios, la amenaza de someterse a uno puede eclipsar tu objetivo, a menos que establezcas incentivos lo suficientemente potentes para superar la sensación de sacrificio y hacer que cada uno de dichos sacrificios parezca valer la pena.

Todo en la vida tiene un *costo de oportunidad*, lo que significa que todo lo que hagas exigirá algo de tu parte. Cada acción consume tiempo y esfuerzo que podría ser empleado en otra cosa; cuando elegimos una acción, también estamos tomando la decisión activa de *descartar* otra acción. Cuando elegimos hacer el vago frente a la televisión, también estamos eligiendo no hacer algo más productivo con nuestro tiempo. Hacer el vago podría parecer inofensivo, hasta que te pones a pensar en lo que realmente te está costando: la oportunidad de hacer algo más productivo.

Un ejemplo típico es el de una persona que permanece en un empleo agradable pero poco desafiante. Puede que esto no tenga nada de malo, pero cada día ahí es un día sin aprender algo nuevo, sin crecer, y, ¿quién sabe? Puede que el trabajo de sus sueños esté siendo entregado a otra persona. Si al final decide renunciar, podría descubrir lo poco competitivo y atrasado que se encuentra en términos de habilidad. En realidad, el trabajo cómodo cuesta más de lo que parece: cuesta oportunidades.

Siempre estamos sopesando los costos y beneficios (como se debe). Sin embargo, a veces podemos llegar a la conclusión de que no vale la pena someterse a semejante incomodidad, pues nos olvidamos del beneficio. Aprender a tocar guitarra implica horas en solitario de escalas, acordes, y de tener que lidiar con dolorosos callos en los dedos. Asistir a la universidad implica levantarse temprano, asistir a una lección aburrida y pasarse horas haciendo tareas. ¿Estás preparado para el sacrificio?

Si el costo de oportunidad te parece demasiado alto, no perseverarás. Necesitas elegir un rumbo y ceñirte a él. Por lo tanto, debes encontrar un incentivo que te impulse a aceptar el costo de oportunidad. Si no te sientes lo suficientemente motivado para pagar el costo, es seguro que perderás el interés y tirarás la toalla.

Por lo tanto, hay dos maneras de resolver el problema. La primera es que tu motivación debe ser incluso mayor para hacerte ignorar las alternativas y las actividades que estás dejando de lado. La motivación debe ser más importante para ti que las cosas que sacrificas, para así poder sentir que todo el proceso vale la pena.

La segunda solución es reducir tus sacrificios. Esto significa que habrá menos sufrimiento asociado a la realización de la actividad. En ambos casos, al sopesar los costos y los beneficios, se debe dar más peso al beneficio; sin embargo, el primer método manipula el beneficio, mientras el segundo manipula el costo.

Un ejemplo de este enfoque sería renunciar a salir con tus amigos los viernes por la noche para ir a una clase nocturna de historia. Esta clase es vital para obtener el título que necesitas e ingresar a la profesión de tus sueños. Sin embargo, las veladas con tus amigos siguen siendo muy importantes para ti.

Para usar la primera solución, tu deseo de ingresar a dicha profesión, mejorar tu calidad de vida y enorgullecerte de tus logros debe ser mayor que tu apego a salir todos los viernes. Debes tener en mente que tu vida cambiará por completo si logras resistirte a salir durante un par de viernes (es estrictamente necesario que te mantengas concentrado en este hecho). De lo contrario, el conflicto inmediato te parecerá demasiado grave y renunciarás a la clase por el bien de estar con tus amigos.

Apliquemos la segunda solución para los mismos resultados. En lugar de renunciar a tu velada de los viernes, aplázala o haz el esfuerzo de salir después de clases y reducir un poco el tiempo que compartes con tus amigos los viernes por la noche. Estás convirtiendo un sacrificio radical en algo más flexible. Al final estableces un acuerdo que te permite seguir actuando de acuerdo a tus deseos y a la vez trabajar en aras de tus objetivos.

Cuando te enfrentes al costo de oportunidad y a un posible sacrificio, toma en cuenta que tu vida nunca será tal y como la deseas, pero si sigues concentrándote en aumentar los beneficios o minimizando el sacrificio, puedes seguir avanzando hacia la meta sin perder la motivación y el interés. Mientras más desarrolles tu capacidad de ver el esfuerzo no como un sacrificio, sino como una decisión voluntaria y consciente orientada a obtener algo que deseas, mayores serán tus probabilidades de perseverar en la realización del proyecto.

No olvides lo que te motiva

Tanto los incentivos internos como los externos son excelentes formas de impulsar la productividad y el compromiso necesario para perseverar en la culminación de un proyecto. Sin embargo, no cumplirán función alguna si los mantienes relegados al olvido.

De acuerdo a *Psychological Science*, las personas muestran una mayor tendencia a perseverar si son expuestas a estímulos que les recuerden cuáles son sus incentivos. Los recordatorios visuales o auditivos de dichos incentivos pueden aumentar la motivación. En otras palabras, hay ocasiones donde la solución más simple es la más efectiva: los recordatorios constantes te mantendrán enfocado, pues nuestra mente solo puede concentrarse en una cantidad específica de cosas a la vez.

Además, Katherine Milkman, de la Universidad de Pensilvania, desarrolló la hipótesis de que los recordatorios por asociación podrían ayudar a las personas a recordar sus objetivos y, por consiguiente, cumplirlos.

Para confirmar su hipótesis, dirigió un estudio donde se les solicitó a los participantes que completaran una tarea en computadora, la cual tenía una hora de duración. Se les prometió una remuneración y un dólar como donación al banco de alimentos local. Se les pidió que confirmasen las donaciones tomando un sujetapapeles al recibir la remuneración. Al grupo de control se le brindaron estas instrucciones y se le agradeció por su tiempo. Al grupo experimental se le indicó que los sujetapapeles estarían cerca de una estatua de elefante.

Resultó que el 74 % del grupo al que se le informó sobre la estatua de elefante recordó buscar el sujetapapeles al final del estudio. Solo el 42 % de los miembros del otro grupo recordó hacerlo. Contar con el indicador visual de la estatua de elefante facilitó que los estudiantes recordasen completar aquella tarea tan sencilla. Cuando los estudiantes observaron la inusual estatua, su memoria se activó de una forma más eficaz que al leer una simple nota.

Además, Rogers y Milkman descubrieron que contar con indicadores altamente llamativos funcionaba mejor que valerse de indicadores que no llamaban la atención. Por ejemplo, un recordatorio por escrito no evocaba tantos recuerdos en los participantes del estudio como un indicador visual que emplease a uno de los alienígenas de *Toy Story*.

Por lo tanto, la mejor forma de lograr que los incentivos funcionen es manteniendo una exposición constante a los mismos. Puedes usar los indicadores para nunca olvidar tu motivación y, por consiguiente, perseverar hasta la consecución del objetivo. Cuando esto ocurre, tu mente deja de pensar en sacrificios momentáneos o incomodidades pasajeras, y es más probable que te ciñas a los planes. Sin embargo, dichos indicadores necesitan ser llamativos para ti.

Por ejemplo, usa imágenes vívidas y llamativas que no puedas ignorar, o emplea otros sentidos e incluye sonidos, texturas y olores. Incluye una foto de tu hijo en el escritorio para recordarte que debes seguir trabajando en aras de tu sueño de garantizar un mejor futuro para tu familia a nivel económico, pero asegúrate de que el marco de la foto huela al champú de tu hijo o al perfume de tu pareja. Cabe resaltar que no solo nos referimos a recursos visuales como llenar la pared de pósits; los indicadores que podemos usar pueden aprovecharse de los cinco sentidos con creatividad e imaginación.

Sin embargo, asegúrate de mover y cambiar dichos indicadores tras un par de días, de manera que no te acostumbres demasiado a ellos y comiences a ignorarlos como si formasen parte del ruido de fondo de tu vida.

Por último, también puedes volver a escribir tus incentivos tras un par de días, pero tratando de parafrasearlos. Como se mencionó anteriormente, asegúrate de cambiarlos para evitar que te acostumbres demasiado a ellos. El acto de recrear el indicador una y otra vez te ayuda a mantener un nivel de motivación estable y renovado en tu mente.

Moralejas:

- ¿Cómo mantienes el interés y la motivación? Analizándote a fondo y preguntándote qué incentivos internos y externos tienes a tu disposición; una tarea que muy pocas veces realizamos.
- Los incentivos externos son aquellos donde aprovechamos a otras personas, lugares y cosas para impulsarnos a pasar a la acción. En la mayoría de casos, recurrimos a este tipo de incentivos cuando queremos evitar las consecuencias negativas asociadas a otras personas, lugares y cosas. Estos métodos incluyen rendir cuentas a un grupo o individuo, invertir dinero y ofrecernos un soborno.

- Los incentivos internos son aquellos donde analizamos cómo mejorar y beneficiar nuestra vida, y tomamos la decisión propia de avanzar hacia un objetivo que consideremos digno. Estas son necesidades, motivaciones y deseos universales que podemos perder de vista con facilidad. La forma más sencilla de identificarlos es haciéndonos una serie de preguntas que nos cuestionan directamente sobre aspectos como *¿Cómo me beneficiaré de esta iniciativa?* y *¿Cómo mejorará mi vida a raíz de ella?* Es solo a través de estas preguntas que descubrirás en qué estás fallando.
- Todas nuestras metas implican un costo de oportunidad. Debemos hacer un sacrificio, incluso si se trata de renunciar a acostarnos en el sofá a ver la televisión. Podemos sortear este obstáculo mental al manipular la relación costo-beneficio de manera que el costo se reduzca y el beneficio se maximice. Cuando nos encargamos de recordar los beneficios mientras minimizamos los costos, podemos obtener motivación incluso durante las

atapas más difíciles o aburridas de nuestro objetivo.
- Se ha demostrado que es más sencillo mantener la motivación cuando nos la recuerdan; de lo contrario, ojos que no ven, corazón que no siente. Por lo tanto, debes rodearte de indicadores que te recuerden lo que te motiva, pero asegúrate de que sean peculiares y llamativos, aprovecha los cinco sentidos (incluso el gusto), y asegúrate de cambiarlos y moverlos de vez en cuando para evitar que te acostumbres y te olvides de ellos.

Capítulo 3: La importancia de crear un manifiesto

Si fijas un objetivo y te propones alcanzarlo, puedes estar seguro de que tarde o temprano te toparás con una prueba. Te enfrentarás a un dilema donde deberás decidir entre perseverar o tirar la toalla. En lugar de comerte el coco y tener que recurrir a tu fuerza de voluntad cada vez que esto suceda, establecer reglas concretas puede ayudarte a decidir qué hacer cada vez que enfrentes un dilema (incluso antes de que lo enfrentes.)

Desde pequeños, nos han inculcado que debemos acatar las reglas. Pues, en esta ocasión, podemos crear nuestras propias reglas que, a la larga, nos ayudarán a cumplir exactamente lo que queremos. Se trata de estar preparados para que nunca nos tomen por sorpresa.

En general, las reglas pueden denominarse como *modelos mentales*, los cuales pueden resultar fundamentales para la perseverancia. Esto se debe a que establecen un método determinado por el que tendrás que regirte para tomar todas tus decisiones, sin excepción. Debido a que las reglas determinarán tus decisiones, estas se toman de forma automática y ya no hay cabida para la decisión equivocada que podrías tomar con base en tu falta de motivación o disciplina, la cual sería rendirse.

Las reglas sirven para garantizar que tus acciones no sean improvisadas, sino que estén orientadas hacia un objetivo. Establecer reglas inteligentes cuando te sientas motivado e inspirado puede suponer una herramienta efectiva para orientarte cuando decaigan tus niveles de concentración y motivación. Usa estas reglas para orientar tus perspectivas y acciones cotidianas. Permite que sean ellas las que tomen todas las decisiones.

Una buena regla diaria sería completar dos tareas relacionadas a tu objetivo. Convéncete de que el no hacerlo resulta inaceptable; debes completar dichos pasos a toda costa, del mismo modo que debes cepillarte los dientes todos los días sin rechistar. Como resultado, notarás que progresas hacia el objetivo, incluso cuando no quieres hacerlo. La elección no depende de ti. Trabajar todos los días no es tu decisión; ya tu regla lo determinó, y, por consiguiente, tu única opción es hacerlo. Nada de fuerza de voluntad, ni excusas, ni discusiones. Te limitas a hacerlo de forma automática.

Observa lo que ocurre cuando John, un escritor, viola la regla de completar dos pasos todos los días.

En la mañana, está emocionado y piensa: "En cuanto salga de la oficina, ¡me iré a casa y comenzaré a escribir la novela! Escribiré dos capítulos". Posteriormente, va a trabajar, su cansancio aumenta y, a lo largo del día, va perdiendo la inspiración poco a poco. Cuando llega a casa, no quiere hacer más que ver *Gossip Girl.* Por lo tanto, debido a que no está aplicando la regla, fracasa en escribir. Su progreso es nulo y le falta mucho para alcanzar el objetivo. Lo invade un profundo sentimiento de culpa. Cuando se va a dormir, se promete a sí mismo que recuperará el tiempo perdido escribiendo cuatro capítulos al día siguiente.

¿Qué crees que ocurrirá a continuación? Llega a casa agotado y derrotado una vez más. Se aferra al hecho de que el trabajo le consume energía como excusa para no escribir. Además, debido a que hoy enfrenta la monumental tarea de escribir *cuatro* capítulos, siente que es imposible dar el primer paso. Si la noche anterior no tenía energía para dos capítulos, definitivamente no tendrá la energía para escribir cuatro esta noche. Se siente abrumado y no escribe una sola palabra. Parece que nunca terminará la novela porque siempre encuentra alguna excusa para librarse de la tarea de escribir.

Se brindó demasiada flexibilidad y libre albedrío, lo cual, por consiguiente, facilitó que saboteara su propio progreso.

Ahora imaginemos que John aplica la regla todos los días, la cual es radical y no le importa si está cansado o no. Independientemente de lo agotado o desmotivado que se sienta, sabe que tiene que escribir dos capítulos por noche después del trabajo, sin excepciones ni excusas. Por consiguiente, cuando llega a casa, observa la computadora y se siente tentado a ver televisión y conservar energías haciendo el vago. Sin embargo, debido a que sigue una regla en su vida, no puede romperla y, por lo tanto, está obligado a escribir. De hecho, lo planifica durante todo el día porque sabe que ocurrirá. Se sienta, termina dos capítulos, y se va a la cama exhausto, pero lleno de satisfacción y orgullo. Avanzó mucho con la novela. Poco después, ha terminado la novela, y el grado de realización personal alcanzado hace que toda la energía que invirtió en la novela tras aquellas jornadas agotadoras haya valido la pena.

¿No te parece extraño que las personas siempre tengan tiempo para actividades como ver *Gossip Girl*? Pase lo que pase, todos los días encuentran la forma de incluirlo en la agenda, y nunca se plantean si podrían o deberían hacer otra cosa. Ni siquiera consideran dejar de hacerlo. Establecer reglas personales es lograr que el esfuerzo laboral sea tan tácito como ver televisión de baja calidad; ¡imagina lo que podrías lograr si trabajas en tus sueños de forma tan automática como buscas el control remoto!

Las reglas pueden ayudarte a perseverar porque limitan tu visión. Cuando te arrebatan el libre albedrío (el mismo que te hace perder el tiempo con las redes sociales cuando deberías estar trabajando en algo importante), te quedas sin alternativas y tu única opción es perseverar en tu proyecto. Paradójicamente, este es un estado mental que resulta muy liberador.

Este capítulo gira en torno a la creación de una serie de reglas, denominadas en su conjunto como *manifiesto*, que seguirás cada vez que enfrentes un dilema. Te impulsan y orientan en la dirección correcta y evitan que tu motivación disminuya. Es importante señalar que son reglas que debes idear mucho *antes* de que estés agotado, lleno de excusas, y rodeado de distracciones que parezcan más atractivas. A continuación, te brindaré algunas ideas.

Regla 1: Autoevaluación

La primera regla consiste en preguntarte a ti mismo: "De no ser por el miedo o la apatía, ¿me rendiría?" Esto te deja muy claro que tus acciones no se deben a una falta de habilidad o talento, sino que simple y llanamente estás tomando la salida fácil. ¿Es un hecho que estás dispuesto a admitir? Cuando te enfrentas a la realidad de estar cediendo ante la pereza o la cobardía, esto te hace querer cambiar de actitud. Es la patada en el trasero que te hace admitir tu pereza/cobardía y te impulsa a pasar a la acción.

Esta pregunta no deja lugar para excusas baratas. No, no es por falta de tiempo, ni por los ladridos incesantes del perro del vecino, ni por el gobierno, ni por tu madre. No, el obstáculo, probablemente, no proviene de otro lugar más que de tu interior, obligándote a tirar la toalla con impotencia cuando en realidad quieres hacer lo correcto y nada más. Por otro lado, mientras más rápido dejes de creer en tus propias excusas, más rápido podrás enfrentar el verdadero obstáculo: a ti mismo.

Darte cuenta de que tu único obstáculo es el miedo o la pereza te ayuda a entender lo absurdo de la situación, así que la superas sin más. Por lo tanto, antes de rendirte, establece la regla de siempre cuestionarte si lo que te está limitando es una cuestión de pereza o cobardía.

Supongamos que fijas el objetivo de generar una cantidad específica de dinero al entregar cierta cantidad de proyectos a tus clientes en un mes. Sin embargo, es mucho trabajo y comienzas a perder motivación. Quieres dejar de trabajar y tomarte unos días libres. Pregúntate: "¿Será cuestión de pereza?". Esto te hace abrir los ojos y pasar a la acción. Comienzas a hacer tu trabajo y te sientes mejor contigo mismo al saber que te estás esforzando al máximo.

Regla 2: Tres tareas como máximo

La segunda regla consiste en concentrarse en tres cosas al día como *máximo*. Únicamente. No más. Sí, leíste bien. ¿Por qué establecer un límite? Porque el agobio y la desorganización pueden deteriorar tu productividad. ¿Recuerdas cómo el perfeccionismo puede menoscabar la productividad en lugar de fomentarla? Aquí ocurre lo mismo.

En ocasiones, no logramos perseverar porque no planificamos con inteligencia. Nos asignamos demasiadas tareas y nos sentimos abrumados. Sin embargo, esta regla soluciona el problema al prohibir que te enfoques en más de tres cosas al día. Cada noche, planifica cómo limitar la lista de tareas diarias a tres elementos. Prepárate para enfocarte únicamente en dichos elementos, de manera que puedas planificar de forma lógica y no actuar de acuerdo a tus emociones.

En realidad, puede que descubras que, en cierta forma, establecer tales límites es más complicado que ceñirte a una lista extensa de tareas. Es un hábito que te obliga a fijar prioridades. Uno de los obstáculos que enfrentarás al intentar limitarte a tres tareas por día es el discernimiento. Específicamente, tendrás que aprender a discernir entre asuntos *importantes* y asuntos *urgentes*. Los asuntos importantes tienen que realizarse a toda costa y deberían incluirse en la lista, mientras que los asuntos urgentes no son necesarios.

Los asuntos urgentes parecerán importantes y te causarán estrés, pero puede que no sean *realmente* importantes o prioritarios. Un asunto urgente podría ser apartar tiempo en tu agenda para atender a un cliente preocupado que te esté apresurando. Por otro lado, entregar un proyecto al cliente antes de la fecha límite es un ejemplo de una tarea importante. Todo lo que esté en tu agenda parecerá importante *y* urgente, así que debes aprender a diferenciarlos y actuar en consecuencia.

Del mismo modo, aprende a diferenciar entre los actos improductivos que te hacen parecer ocupado pero no producen resultado alguno, y la acción genuina, representada por actos concretos que van orientados hacia tu objetivo. Un acto improductivo es cambiar la posición de los papeles en el escritorio, mientras que una acción concreta sería usar dichos papeles para el cumplimiento de una tarea y así avanzar en el proyecto. Dale prioridad a lo que realmente importa.

¿Cómo podrías usar esta regla para organizar tu agenda? Supongamos que tienes cinco tareas pendientes para tu negocio. Dos de dichas tareas no son del todo importantes, y solo parecen serlo debido a su urgencia, así que decides postergarlas.

Elige tres tareas en las cuales concentrarte, y evalúa cuál de ellas es la más importante, de manera que puedas darle prioridad. Una noche antes, contempla los tres elementos en tu lista y determina cuáles serán las acciones concretas que llevarás a cabo para completar dichas tareas, comenzando por la más importante.

Al día siguiente, realiza esta acción concreta con tu primera tarea, luego con la segunda, y luego con la tercera. Limítate a completar una tarea a la vez y evita hacer varias cosas de forma simultánea. Al terminar la jornada, ¡habrás completado tres tareas importantes a un ritmo realista! Aquí tienes otra pista: puede que, en ocasiones, descubras que la cuarta y quinta tarea ya no tienen la más mínima relevancia (en cuyo caso te alegrarás de no haberte distraído con la realización de las mismas).

Regla 3: Establece restricciones y requisitos

La tercera regla consiste en establecer reglas concretas para tu persona. Establece un código de conducta concreto por que el que deberás regirte en términos de tener más disciplina y perseverancia. Escribe las reglas con todo lujo de detalles y colócalas en un lugar visible. Aunque puede que no las apliques todas cada día, al menos tendrás una mayor oportunidad de perseverar cuando de verdad te tomas el tiempo para reflexionar sobre tu código de conducta y, posteriormente, escribirlo.

Las reglas deberían centrarse en establecer *restricciones* o *requisitos* para tus actividades diarias, de manera que tomes una iniciativa genuina y cumplas con tus tareas asignadas.

Esta regla te obliga a determinar tus deseos y necesidades más profundos, además de analizar tus expectativas. Básicamente, adoptas el hábito diario de analizarte y evaluar qué tanto has progresado hacia el objetivo final. Esto te ayuda a concentrarte más en tus propósitos y esclarecerlos, convirtiéndolos en un factor integral de tu ética laboral. Por lo tanto, cuando tomes una iniciativa, tendrás implementada una regla que te hará seguir hasta el final del proyecto.

Establece cinco restricciones y cinco requisitos diarios. Aclara lo que *no puedes* y lo que *tienes* que hacer.

Las restricciones son relativamente fáciles de entender. Restringen las distracciones y tentaciones. En cuanto a los requisitos, toma en cuenta que no eres *Superman* ni *Superwoman*, así que no puedes saturarte de trabajo. Por el contrario, hazlo de forma más eficiente y establece cinco requisitos que puedas cumplir *dentro de lo razonable*. Puede que no siempre te rijas por esta regla, pero al menos tendrás algo de orientación. Además, sabrás con mayor claridad el trabajo que tienes por delante todos los días.

Un ejemplo sería establecer la restricción de que no verás más de una hora de televisión al día, no pasarás más de una hora en Facebook, y no te tomarás más de una hora para almorzar. A la vez, tus requisitos son que tienes que leer al menos 30 páginas al día, debes trabajar al menos cuatro horas antes del almuerzo, y debes cumplir ocho horas de trabajo en total para el momento en el que acabes la jornada.

Reitero: puede que no siempre lo hagas a la perfección, pero es probable que conocer las reglas y consultarlas diariamente te haga más productivo que si dependieses únicamente de tu fuerza de voluntad. De hecho, puede resultar casi relajante saber que, siempre y cuando sigas las reglas, estarás avanzando con firmeza hacia el objetivo. Ya pensaste todo lo que ibas a pensar, ahora no debes hacer más que concentrarte en la pequeña tarea diaria que te ha sido asignada. Eso es todo.

Regla 4: Reafirma tu propósito

La cuarta regla es similar a la primera. Esta regla entra en vigor cuando te enfrentas al dilema de continuar con el proyecto o no.

Esta regla busca *reafirmar tu propósito* al recordarte cuál es y por qué quieres cumplirlo.

Cuando dudes entre rendirte y perseverar, plantéate las siguientes tres preguntas. Mejor aún, escribe las respuestas en algún lugar donde puedas revisarlas.

"Quiero…" Aquí es donde manifiestas tu objetivo final y qué beneficio obtendrás del mismo. ¿Cuáles son tus razones y motivaciones? Recuérdate constantemente cuáles son los incentivos internos y externos que tienes a tu disposición. Recuérdate algo como: "Quiero ser rico". Claro, al momento podrías decirte a ti mismo "Quiero despilfarrar mi dinero en este objeto que no tiene ningún sentido", ¿pero *realmente* es lo que quieres? Cuando lo comparas con el deseo superior de ahorrar e invertir la mayor suma de dinero posible, ¿aún puedes afirmar que lo quieres?

"Tengo que…" Aquí es donde manifiestas qué tienes que hacer para alcanzar dicho objetivo y todo el trabajo que deberías estar haciendo para cumplirlo. Esta declaración dirige tu atención una vez más a la necesidad de completar las tareas y cómo estas se relacionan con tu objetivo final. El proceso es una parte necesaria del objetivo. Te conviene ser lo más específico que puedas en dicha declaración para dejar en claro cuáles son las acciones que tienes que llevar a cabo. Por ejemplo, plantéate lo siguiente: "Si quiero ser rico, tengo que terminar este proyecto y esforzarme en la realización de otros".

"Evitaré..." Es aquí donde manifiestas lo que no debes hacer porque dicha acción entorpecerá tu progreso hacia el objetivo final. Hay muchas cosas que resultan perjudiciales para tu progreso, incluyendo distracciones, tentaciones, indisciplina, procrastinación, y otras acciones nocivas e improductivas. Plantéate algo así: "Si quiero ser rico, evitaré distraerme con las redes sociales y no les daré más prioridad que a mis proyectos laborales". El simple hecho de aclarar de antemano lo que harás y evitarás hacer puede fortalecer tu

determinación y recordarte lo más importante.

Apliquemos este concepto a un posible problema de la vida real que podrías enfrentar. Conforme te esfuerzas para finalizar un programa de certificación, necesario para ganar un aumento, descubres que la cantidad de trabajo es abrumadora y detestas el hecho de tener tan poco tiempo libre. Consideras tirar la toalla e ignorar la certificación. Después de todo, ya tienes un empleo, ¿realmente tienes que aspirar a más?

Cuando consideres tal decisión, percátate de que es momento de aplicar la regla, pues te has topado con un dilema en el proceso de completar tu proyecto. Es un momento decisivo, y la decisión está en tus manos. Debes implementar la regla y realizar tres declaraciones para tus adentros:

"Quiero generar más dinero en el trabajo y ser capaz de costear una mejor casa para mí y mi futura familia".

"Quiero tener más dinero y mudarme a un lugar mejor, terminaré este programa de certificación para ganar un aumento".

"Si quiero generar más dinero en el trabajo y mudarme a un lugar mejor, no me permitiré perder la motivación ni dejar de trabajar en aras de la finalización del programa. Además, evitaré perder el enfoque por una simple cuestión de tentación o apatía".

Acabas de manifestar tu propósito de cabo a rabo. Como puedes haber notado, un tema recurrente en este libro es que la repetición te ayuda a perseverar, y la presencia de ánimo es muy importante. Puede que tengamos las mejores intenciones, pero si simplemente se nos olvidan, ¿entonces de qué sirven?

Cuando te planteas tales preguntas de forma constante (tu objetivo final y los pasos que debes dar para cumplirlo, al igual que los pasos que debes evitar), todo queda claro como el agua. El truco es tener la presencia de ánimo para recordar tales afirmaciones cuando el momento lo amerite: en ese punto donde estás en riesgo de renunciar y tirar la toalla.

Regla 5: Piensa en términos de 10-10-10

La próxima vez que sientas que estás a punto de sucumbir ante un impulso o tentación, tómate un momento y pregúntate cómo te sentirás en 10 minutos, 10 horas y 10 días.

Puede que esta regla no parezca muy efectiva, pero lo es, porque te obliga a pensar en el futuro y cómo tus acciones te afectarán en él (para bien o para mal). Muchas veces, es posible que nos percatemos en el acto de estar perdiendo la motivación o haciendo algo perjudicial, pero eso no será suficiente para detenernos de hacerlo porque no tenemos conexión alguna con el "yo" del futuro que tendrá que enfrentar las consecuencias. Esta regla crea dicha conexión de inmediato, y esto puede marcar la diferencia entre el éxito o fracaso de la disciplina.

Cuando te topas con un exquisito trozo de pastel, la tentación de comerlo puede dominarte y hacerte creer que es lo único que importa. Absorto en el placer que te brinda el pastel, te olvidas del placer aún mayor de cumplir tus objetivos; adelgazar, ser más saludable y tener más fuerza de voluntad. Al momento, el placer de alcanzar tu peso ideal parece carecer de significado; es demasiado abstracto, pues los beneficios tardarán mucho en notarse. Es por ello que necesitas tener dichos beneficios en mente, de manera que puedas recordar lo que estás perdiendo realmente cuando cedes ante la tentación y devoras el pastel.

¿Por qué intervalos de 10 minutos, 10 horas y 10 días? Porque te ayuda a comparar el placer a corto plazo con las consecuencias a largo plazo. A los diez minutos, puede que te sientas bien, quizá con una minúscula sensación de vergüenza abriéndose paso en tu interior. Diez horas después, sentirás poco más que vergüenza y arrepentimiento. Diez días después, puede que te consuma el arrepentimiento al percatarte de algunas de las consecuencias negativas que tu decisión o acción ha tenido en el cumplimiento de tus objetivos a largo plazo.

Por otro lado, podrías aplicar esta regla y percatarte de que una pequeña distracción no marcará la diferencia dentro de 10 días. En ese caso, puedes darte cierto gusto sin necesidad de sentir culpa o vergüenza. Lo más importante es tomar en cuenta a tu "yo" del futuro cuando sopeses el verdadero costo y beneficio de cualquier acción. Muchas veces, lo que al principio parecía una excelente idea termina siendo un arrepentimiento a largo plazo.

Por ejemplo, imagina que apliques esta regla al decidir si te saltarás un día de gimnasio para ir a cenar con los colegas. Si acabas de comenzar en el gimnasio y aún no se ha vuelto un hábito, tu decisión de saltarte un día podría aumentar las probabilidades de seguir faltando o abandonarlo por completo.

¿Cómo te sentirás en 10 minutos, 10 horas, y 10 días? En diez minutos: bien, con una ínfima sensación de arrepentimiento, pues aún sientes el sabor de la lasaña o el helado. El placer sigue siendo tangible. En diez horas: te arrepientes casi por completo, pues el placer ya se esfumó y rompiste la dieta. En diez días: arrepentimiento total, pues tu acto de indisciplina ya no tiene sentido alguno y no es más que un recuerdo lejano. La lasaña no tiene un beneficio a largo plazo, pero sí un costo. De hecho, la lasaña perdió valor en un abrir y cerrar de ojos, mientras la meta que tanto perseguías hoy parece más lejana que nunca.

Por otro lado, si ir al gimnasio ya es un hábito placentero para ti, imaginar cómo te sentirás dentro de 10 días no hará más que mostrarte que un día de ejercicio menos no repercutirá en tu disciplina u objetivos a largo plazo. Aunque puede que hayas visto tu error ocasional como una prueba de que tu misión estaba condenada al fracaso, plantearte la pregunta del 10-10-10 te permite poner las cosas en perspectiva, e incluso te facilita recuperar el rumbo mucho más que si te limitaras a recriminarte el fracaso.

Cuando la regla no te está impulsando lo suficiente o tu dilema es muy complejo, puedes agregar una última pregunta: ¿Cómo te afectará la pérdida de motivación actual en 10 semanas o en un plazo incluso más largo? Puede que te convenga cambiar los parámetros a 10 semanas si estás involucrado principalmente con decisiones y tareas a largo plazo.

En este proceso, resulta crucial ser honesto contigo mismo y cuidarte de tu propia capacidad para justificar y excusarte. Por ejemplo, puede que en el pasado hayas intentado dejar una adicción reiteradas veces, solo para terminar fracasando y, a la larga, fortalecer la conducta nociva. Si tienes un precedente de sucumbir ante los malos hábitos tras un simple desliz de indisciplina, una simple reflexión sobre cómo te sentirás en 10 días o semanas te hará llegar a la conclusión de que bajo ningún concepto puedes permitirte un desliz en la actualidad si quieres cumplir tus objetivos a largo plazo. Tu indisciplina no fue una excepción, ni estaba justificada;

no es más que un reflejo de tu carácter, para bien o para mal.

Si no cuentas con dicha honestidad ni con la capacidad de identificar tus propias excusas sin tapujos, aplicar esta regla sería en vano.

Regla 6: 10 minutos más

La última regla es simple, fácil y efectiva.

Si quieres hacer algo que será negativo, nocivo o perjudicial para el cumplimiento de tu objetivo, espera al menos 10 minutos antes de hacerlo. Eso es todo: unos míseros 10 minutos. Es sencillo y no hay lugar para debates o excusas. Cuando sientas alguna tentación, oblígate a esperar 10 minutos antes de ceder a ella. Si después de 10 minutos te sigues muriendo por hacerlo, pues hazlo. Alternativamente, puedes esperar 10 minutos más, pues ya lo hiciste una vez y sobreviviste sin problemas. Con el simple hecho de esperar, eliminas lo "inmediato" de la satisfacción inmediata, desarrollando así la disciplina y mejorando la toma de decisiones.

De manera similar, si quieres desistir de una actividad positiva, continúa haciéndola por 10 minutos más. Es el mismo razonamiento, pero aplicado de otra forma. Diez minutos no son nada, así que hacer una pausa o continuar por ese lapso de tiempo no debería suponer un problema. Posteriormente, si lo hiciste una vez, es sencillo repetirlo, ¿no es así? En otras palabras, repítete "solo 10 minutos más de motivación" cada vez que te topes con un bache en el camino.

Este truco funciona porque probablemente tu cerebro no puede inventar una excusa convincente para no trabajar durante unos míseros 10 minutos. Al momento, podríamos creer realmente que una tarea es imposible. Obligarnos a hacerla durante 10 minutos nos demuestra que no lo es, y, de manera práctica, nos muestra que probablemente no es tan terrible como creíamos. Asimismo, si al final caerás en la tentación, ¿entonces por qué no aplazarla por 10 minutos más? Sin embargo, si después de 10 minutos has hecho algo interesante (probarte a ti mismo que sí puedes, y que acabas de hacerlo), posterga la recompensa.

Otro beneficio de esta regla es reforzar los buenos hábitos de forma intencionada. Si te has obligado a hacer algo productivo por 10 minutos, podrías terminar haciéndolo por 15 o incluso 20 minutos más. La próxima vez, habrás desarrollado tu tolerancia a tal punto que serás inmune a cualquier tentación o distracción (la próxima vez podrías seguir por unos seis o siete minutos más).

Cada vez que te sientas distraído, haz acopio de tu fuerza de voluntad por unos minutos más, y con cada prolongación te harás cada vez más eficiente para culminar tus proyectos. Tras varias repeticiones de "solo 10 minutos más" ganarás un impulso que muchas veces bastará para hacerte seguir durante horas.

Moralejas:

- Un manifiesto no es más que un conjunto de reglas diarias a seguir. Puede que odiemos las reglas, pero estas eliminan el factor improvisación de nuestra vida y nos dictan las pautas a seguir. Son radicales, lo cual resulta provechoso para el cumplimiento de nuestros objetivos porque no nos dejan alternativa; tenemos menos oportunidades de justificarnos o excusarnos.
- Regla 1: ¿Es la pereza la que está dictando tus acciones? De no ser así, sigue con tu trabajo. De ser así, ¿es esa la clase de persona que quieres ser?
- Regla 2: Como máximo, realiza tres tareas principales al día. Aprende a diferenciar entre tareas importantes, tareas urgentes y acciones improductivas. Empieza con el primer elemento en tu lista y avanza según el orden de importancia de cada tarea.
- Regla 3: Establece restricciones y requisitos personales. Estos se encargarán de que te concentres en las actividades que son necesarias. También

suponen un elemento fundamental para el desarrollo de los buenos hábitos.
- Regla 4: En ocasiones, perdemos el norte. Por consiguiente, reafirma tu propósito mediante declaraciones que comiencen con "Quiero...", "Tengo que...", y "Evitaré...". Puede que sea necesario repasarlas diariamente para que recuerdes tu propósito.
- Regla 5: Intenta ver el futuro en lapsos de 10 minutos, 10 horas y 10 días. ¿Te gusta lo que auguras cuando te planteas desistir de tu emprendimiento? ¿Vale la pena satisfacer a tu "yo" del presente a expensas de tu "yo" del futuro? Probablemente no.
- Regla 6: Solo son 10 minutos, ¿cierto? Así que cuando quieras tirar la toalla, continúa por tan solo 10 minutos. Y si necesitas esperar, no son más que 10 minutos. Analiza cómo te sientes tras los 10 minutos: ¿Fue tan difícil? ¿Qué te parece si continúas por 10 minutos más?
- Cuando se emplea de manera constante, un manifiesto cabal sirve para determinar nuestras acciones y nos ahorra tener que tomar las pequeñas

decisiones. Las reglas predeterminadas pueden salvarnos cuando nos topemos con un bache en el camino y tengamos que decidir entre perseverar o renunciar a nuestro plan.

Capítulo 4: Mentalidades que fomentan la perseverancia

La perseverancia es 100 % mental. Gira por completo en torno a nuestra percepción, ideas y creencias. Perseverar exige un esfuerzo cognitivo, sobre todo cuando nos topamos con obstáculos que nos desaniman. ¿La mejor herramienta para superar dichos obstáculos? Adoptar la mentalidad correcta.

¿Qué es una mentalidad? Una mentalidad no es más que una forma determinada de visualizar y abordar las situaciones y problemas. Una mentalidad consiste en interpretar de forma particular la información que internalizamos del mundo que nos rodea. Son como filtros: influyen y definen lo que vemos y determinan cómo lo interpretamos. A veces solo necesitamos la mentalidad correcta para encontrar la determinación y motivación necesaria para perseverar en una empresa.

Gerald es un ejemplo de una persona cuya mentalidad ha obstaculizado su progreso. Gerald tenía muchas aspiraciones de crear su propio negocio. Tenía mucha determinación y le deleitaba la idea de algún día llegar a ser un empresario famoso como Steve Jobs. Aunque sabía que el éxito no es algo sencillo que cualquiera puede alcanzar, no pensó que, en ocasiones, el éxito podría implicar situaciones incómodas.

Cuando realmente tomó la iniciativa de iniciar su propio negocio, se topó con muchas situaciones que le intimidaron. Por ejemplo, tenía que hacer una inversión monetaria y le aterraba la idea de perder el dinero y jamás recuperarlo. Dicho temor hizo que Gerald se sintiese incómodo. Otra cosa que odiaba era tener que ahorrar dinero y reducir gastos y lujos innecesarios con el propósito de destinar más dinero a su empresa emergente. Tener que vivir sin las opulencias a las que estaba acostumbrado también le hizo sentir incómodo; tanto, que no pudo soportarlo.

En lugar de adaptarse a las situaciones incómodas y aceptar las nuevas experiencias que lo hacían sentir incertidumbre, Gerald entró en pánico. Concluyó que el estilo de vida de empresario no valía la pena. Le agradaba la idea, pero no estaba preparado para la realidad. Descubrir que comenzar un nuevo negocio no era todo color de rosa le hizo renunciar. En lugar de iniciar la compañía de sus sueños y tener la oportunidad de convertirse en el próximo Steve Jobs, Gerald se conformó con permanecer en el empleo que odiaba por el simple hecho de que se sentía cómodo en él. Como resultado, jamás sobresalió ni cumplió su sueño.

El problema de Gerald no es una cuestión de acción, sino de percepción y actitud. La mentalidad de Gerald era negativa, por decir lo menos. Se rehusaba a lidiar con la incomodidad o a hacer sacrificios que resultasen ligeramente desagradables para lograr la profesión de sus sueños. Prefería lo que le resultaba familiar antes que aventurarse a lo desconocido, a pesar de que lo familiar no lo hacía sentir tan satisfecho como su sueño lo hubiese hecho. Dicha mentalidad lo hizo elegir abordar la situación desde la perspectiva de que todo era malo y no valía la pena. Se centró en lo negativo e incómodo y se rehusó a buscar una solución.

Gerald pudo haber alcanzado el objetivo si hubiese tenido una mentalidad distinta. Sin embargo, sus hábitos mentales de naturaleza mediocre e inflexible le hicieron abordar los problemas de la forma equivocada, lo que le arrebató cualquier oportunidad de éxito. Permitió su fracaso al abordar el problema de forma incorrecta y terminar renunciando.

Si hubiese tomado la decisión de sentirse cómodo en medio de la incomodidad, nunca se hubiese rendido por el simple hecho de que el camino se complicase en cierto punto. Pudo haberse adaptado a la sensación incómoda de hacer sacrificios y haber aceptado de buena gana las situaciones que le resultaban desconocidas e intimidantes, lo cual le habría brindado mayores probabilidades de iniciar su negocio y convertirse en empresario.

De hecho, es posible que Gerald descubra más adelante que algunos de sus colegas sí alcanzaron el éxito, a pesar de que, aparentemente, empezaron con menos recursos que él. Invirtieron menos dinero, tenían más que perder, y (desde la perspectiva de Gerald, al menos) tenían menos talento y habilidad. La verdad es que lo que marca la diferencia entre sus colegas exitosos y él no es cuestión de suerte, inteligencia o buen juicio. En realidad, todo comienza con la mentalidad correcta. La mentalidad puede marcar la diferencia.

Mentalidad 1: Todo esfuerzo vale la pena

Toma en cuenta lo que el Consorcio para la investigación escolar en Chicago (al igual que muchos otros expertos en el ámbito educativo) afirma que promueve la perseverancia de los estudiantes cuando la situación se complica en la escuela. Hay tres conceptos que contribuyen al éxito académico, los cuales son fácilmente extrapolables a la vida adulta.

El primer concepto es desarrollar la convicción de que el esfuerzo puede promover y promoverá tu superación personal. Sin importar lo difícil que se torne la situación, tienes que tener claro que serán tus esfuerzos los que producirán los resultados que deseas, nada más. Todo lo demás es cuestión de suerte; el esfuerzo, como tal, es un prerrequisito. Por supuesto, el esfuerzo no lo supera todo, pero es un componente fundamental que no puede ser omitido.

El segundo concepto es tener confianza en que tú, y las personas como tú, encajan en la escuela, y que dicha institución es un lugar donde puedes crecer como persona. Puedes aplicar esto a un contexto que no sea el educativo.

El fundamento de este concepto es tener confianza en ti mismo y creer que tienes las mismas capacidades que los demás, por ejemplo, que encajas en la mesa de los empresarios, o que puedes compararte a otros artistas, novelistas o reposteros. Básicamente, tienes que creer en tus propias habilidades y confiar en tus oportunidades. No concibas ideas que te limiten y repriman, como pensar que eres inferior a los demás. Una demostración de este concepto es sentir que tu opinión *también* es importante en una reunión de negocios o que tienes la misma habilidad para atender a los clientes que *cualquier otro* empleado de la oficina.

El concepto final es desarrollar la convicción de que tu trabajo es valioso y relevante para cumplir tus objetivos. ¿Por qué insistirías en hacer algo si no percibes cómo te beneficia o te ayuda a alcanzar tus objetivos? Eso iría en contra de lo expresado en otros capítulos del libro.

Entender por qué realizas una acción y cómo encaja en el contexto general de tu objetivo hace que valga más la pena. No querrás desistir de una iniciativa si crees que te está haciendo progresar. Ni siquiera necesitas una recompensa instantánea o completar el objetivo para saber que vas por buen camino. Valorar nuestras acciones y recordar cómo se relacionan al objetivo principal es muy importante porque nos ayuda a sentir que el simple hecho de trabajar ya supone un progreso.

Todo lo que haces tiene una razón de ser, así que cada una de tus acciones es importante. Un ejemplo práctico de este concepto es cuando sientes que las clases que estás cursando son innecesarias. Recuerda que no lo son, porque te permitirán alcanzar la profesión que siempre has soñado.

Estos conceptos pueden serte útiles porque otorgan valor y significado a lo que haces, y pueden hacerte sentir que estás marcando la diferencia con el simple hecho de perseverar y ejecutar tus proyectos. Con una mentalidad que perciba tu esfuerzo como algo valioso, natural y conveniente, es más fácil ponerse manos a la obra y culminar las actividades requeridas.

Mentalidad 2: Sentirse cómodo en medio de las situaciones incómodas

Otra mentalidad que resulta fundamental es tener claro que habrá ocasiones donde tu camino al éxito se tornará sumamente incómodo, así que necesitas aprender a sentirte cómodo en medio de una situación incómoda. Completar un proyecto nunca resulta cómodo porque te exige realizar acciones nuevas y desconocidas para ti. Para tener éxito y nunca rendirte, necesitas reducir las consecuencias negativas de las situaciones incómodas al inmunizarte a la sensación de incomodidad.

En ocasiones, sientes la necesidad de evitar algo que te conducirá al éxito por motivos de incomodidad. Quizá estás evitando el trabajo extra porque te sientes agotado, o estás evitando hablar con desconocidos porque te hace sentir nervioso. Impides el éxito de forma deliberada porque quieres evitar la sensación pasajera de incomodidad.

Por lo tanto, superar el instinto de evitar aquellas cosas que en un inicio te resultan incómodas es algo fundamental. Los cambios siempre son incómodos, pero es muy importante cambiar nuestra forma de actuar con el propósito de encontrar la fórmula del éxito.

Intenta hacer cosas nuevas que te hagan salir de tu zona de confort. Haz algo nuevo, intenta aprender una habilidad nueva, habla con personas nuevas, y practica actividades nuevas que no se te den muy bien hasta que las domines. Exponte a situaciones y cosas nuevas. Lo desconocido resultará muy incómodo, pero no lograrás expandir tus horizontes y alcanzar el éxito de otra forma.

Tu cerebro querrá hacerte saber que la sensación de incomodidad es la prueba fehaciente de que estás haciendo algo mal, que estás en el lugar equivocado, y que deberías renunciar a la actividad de inmediato. Sin embargo, si tienes la preparación necesaria, incluso *esperas* sentirte incómodo. No es gran cosa. No lo percibes como algo insoportable, sino como un aspecto normal y completamente tolerable del proceso. Reconoces la incomodidad, sí, pero nunca la aceptas como un motivo para tirar la toalla.

Mientras más cosas incómodas te obligues a hacer, más cómodo te sentirás en medio de la incomodidad. Descubrirás que la incomodidad es una emoción pasajera que se esfuma tras la exposición continua a la situación en cuestión. Los beneficios de sentirte incómodo superan con creces el leve y efímero malestar que te produce dicha sensación.

Tu mente dejará de temerle a la incomodidad cuando se percate de que esta, en realidad, no te hace daño. Además, te demostrarás a ti mismo que sentir un poco de temor no acabará contigo, y que eres más fuerte de lo que crees.

Por otro lado, garantizar tu comodidad al limitarte a hacer aquello que te resulta familiar es una mala idea. Es la receta para la autocomplacencia e inercia. No cambiarás nada si haces lo mismo de siempre, y, en el fondo, puede que comiences a desarrollar una muy mala opinión de ti, pues sabrás con cuanta frecuencia le has huido a un desafío.

Jamás renuncies a algo porque implique cambio e incomodidad. El cambio implica novedad, y la novedad puede ser intimidante o difícil. No hay manera de evitarlo. La incomodidad no es más que un efecto secundario de tu instinto de supervivencia, y no te causa un daño real, así que es buena idea comenzar a sentirte cómodo en tales situaciones.

Puedes elegir quedarte en casa y evitar conocer nuevas personas, o puedes elegir salir y ganar contactos que te ayudarán a cumplir tus objetivos. Puedes elegir jamás aprender un nuevo idioma, o puedes elegir aprenderlo y abrir la puerta a un sinfín de oportunidades laborales, tales como un empleo interesante en el extranjero o un empleo bien remunerado en el área de traducción.

Asistiendo con regularidad a la clase de idiomas y charlando con personas nuevas, te acostumbrarás a la sensación de salir de tu zona de confort. Por lo tanto, te sentirás más cómodo en medio de la incomodidad. Posteriormente, dejarás de temerle a la incomodidad y te mostrarás dispuesto a hacer algunos cambios positivos en tu vida. Presiónate constantemente e intenta cosas nuevas para expandir los límites de tu zona de confort y lograr que tu vida sea como siempre la has soñado.

Mentalidad 3: Todo es un aprendizaje

Esta actitud implica desarrollar la noción de que perseverar y culminar un proyecto equivale a un aprendizaje y a una autoevaluación. Básicamente, estás realizando una prueba y evaluándote a ti mismo con base en tu progreso. Rendirte es un fracaso automático.

Por otro lado, cuando culminas un proyecto, automáticamente obtienes una calificación perfecta en la prueba. Tienes la oportunidad de observar tu desempeño y evaluarlo; y, si reflexionas al respecto, te darás cuenta de lo invaluable que resulta dicha oportunidad en sí misma. Además, obtienes una amplia gama de habilidades e información importante que pueden ayudarte a alcanzar el éxito y, en caso de que fracases, pueden permitirte volver a intentarlo con mayores probabilidades de éxito.

Hay cosas que solo puedes aprender si las desarrollas hasta el final. Con esta mentalidad, te mantienes con una constante sed de información y conocimiento, la cual solo podrás saciar tras haber culminado el proyecto. El conocimiento es poder, ¡y el conocimiento de uno mismo es aún más poderoso!

De lo contrario, no tendrás una noción completa de cómo funcionan las cosas. Solo mediante la perseverancia aprenderás qué se necesita para terminar un proyecto y de qué eres capaz. Si no lo haces, no aprenderás cuál es el procedimiento a seguir, y no aprenderás nada de ti mismo excepto que eres un holgazán, un cobarde o un fracasado.

También puedes constatar qué resulta improductivo. Si perseveras y aun así no tienes éxito, puedes evaluar tu trabajo y descubrir en que te equivocaste. En otras palabras, el fracaso es en realidad información muy valiosa, porque puede convertirse en experiencia. Esto implica que puedes evitar el problema a futuro. Como resultado, puedes tener mayores probabilidades de éxito más adelante. Mira la vida como una serie de lecciones que puedes usar para mejorar como persona, y no solo dejarás de temerle al fracaso, sino que sabrás qué hacer con exactitud cuando fracases.

Percibir tus iniciativas como una búsqueda de conocimiento puede hacer que los desafíos parezcan menos intimidantes. Hace que el fracaso ya no parezca tan negativo, pues pase lo que pase obtendrás conocimiento. Cuando ves las situaciones como oportunidades que te brindarán un beneficio independientemente del resultado, la presión se reduce con creces.

Tendrás menos tendencia a tirar la toalla cuando te enfrentes a un desafío, pues en lugar de optar por la salida fácil, querrás aprender cómo superarlo. Sientes un deseo genuino de ver qué ocurrirá cuando implementas alguna acción para superar dicho desafío. Por lo tanto, en lugar de permitir que el miedo dicte tus acciones, te dejas llevar por la curiosidad. No obtendrás conocimiento si no perseveras, así que tienes que adoptar la mentalidad para superar los obstáculos con mayor osadía.

Una forma de adoptar esta mentalidad es preguntándote: "¿Qué puedo aprender de esto?". Esta acción genera sed de conocimiento, la cual puede suponer una fuente de motivación infinitamente superior a cualquier otra mentalidad. Se despierta tu curiosidad y el deseo de ver lo que hay en la línea de meta. Quieres obtener toda la experiencia que tu proyecto pueda brindarte, así que decides perseverar con el propósito de obtener dicha experiencia.

Además, preguntarte qué puedes aprender desvía la atención de lo que está en riesgo, o de todas las cosas que podrían salir mal. Te brinda un estado mental más positivo donde te encuentras a la expectativa en lugar de sentirte intimidado ante un resultado desconocido. Es un cambio sutil que, a decir verdad, marca una gran diferencia en tu manera de ver el mundo.

Mentalidad 4: Libérate del estrés

El estrés afecta tu motivación y autocontrol. Puede que no te hayas percatado de ello, pero piensa en lo improductivo que eres cuando te invade el estrés o la ansiedad. Es incluso peor que cuando estás agotado. Estar estresado es como entrar en modo supervivencia (y, en dicho estado mental, es el miedo el que toma el control). Tu energía laboral es más frágil de lo que te imaginas, por lo que resulta importante protegerla y *librarte de estrés*.

Un estudio de Australia demostró que los estudiantes que sentían estrés respecto a las pruebas académicas descuidaban hábitos saludables como llevar una dieta balanceada, cumplir las horas de sueño y ejercitarse. También fumaban con más frecuencia, consumían mayores dosis de cafeína, experimentaban dificultades para controlar las emociones y prestaban menos atención a las tareas del hogar, el cuidado personal, los compromisos y los gastos.

Resulta sencillo llegar a la siguiente conclusión: si descuidas tu salud mental, tu disciplina y motivación no tardarán en deteriorarse. Evita esta situación al incluir hábitos antiestrés en tu vida. Todos los días, dedica al menos 30 minutos a realizar actividades de relajación. Reúnete con algún amigo. Lee un libro. Escucha música. Medita. Ejercítate. Abraza. Sal a dar un paseo en el bosque. Cualquier actividad que sirva para relajarte y dejar descansar al cerebro.

Es importante relajarte siempre que puedas y, en general, prestar atención al *afecto* (el término psicológico que hace referencia a tus emociones y a tu carácter en general).

¿Por qué? Porque el *afecto negativo* es uno de los principales causantes del fracaso en términos de dominio propio. Por ejemplo, las personas con depresión desean cosas específicas que les brinden una satisfacción inmediata, y procrastinan o evitan cualquier actividad que requiera esfuerzo. Debido a su estado mental, no pueden pensar en otra cosa que no sea mejorar su estado de ánimo, y si esto implica descuidar el cuidado personal o abandonar proyectos importantes, así lo hacen. Los problemas emocionales orientan la conducta hacia acciones que generen un cambio de humor positivo e inmediato, y es por ello que las personas toman malas decisiones que se enfocan en la satisfacción inmediata a expensas de sus objetivos a largo plazo. Esto empeora incluso más cuando te das cuenta que el *sesgo de proyección* ocurre a diario y sin que nos percatemos de ello.

El sesgo de proyección consiste en proyectar falsamente los sentimientos *actuales* en los sentimientos *futuros*. Si te sientes deprimido, estresado o agotado, imaginarás que te sentirás igual la próxima vez que quieras perseverar y culminar algún proyecto. Si en el presente te resulta imposible sentir emoción alguna por tu objetivo, puede que te sea difícil imaginar que en *algún momento* te sentirás emocionado por él, y actúas en consecuencia a esta noción. Por supuesto, no existe relación alguna, pero las personas suelen ser incapaces de notar que no existe una conexión concreta entre dichos sentimientos.

Por ejemplo, las personas desaprueban la comida chatarra cuando no tienen hambre, sin pensar en lo mucho que ansían una ración de galletas cuando el hambre los invade. Cuando planificas tu dieta, es probable que te sientas en calma y con ánimos de hacer algún cambio radical en tu vida. También puedes ver el sesgo de proyección como el entusiasmo excesivo de creer que tus sentimientos actuales sobre alguna actividad se mantendrán imperturbables *para siempre.*

¿En conclusión? No subestimes el impacto que tiene el estrés en tu capacidad de perseverar. Facilítate las cosas; una mente tranquila y relajada siempre será más fuerte, resiliente y disciplinada. Por lo tanto, por muy paradójico que suene, librarte del estrés es un hábito que podría mejorar tu disciplina a largo plazo.

Moralejas:

- La perseverancia es 100 % mental, lo que implica que, probablemente, sea conveniente estudiar las mentalidades que intentas adoptar. Una mentalidad es una forma de ver del mundo y una forma de interpretar los eventos. La mentalidad influye en tus puntos de vista, en tus ideas y en tu comportamiento.
- Mentalidad 1: Consiste en tener la convicción de que todo vale la pena; que

tu esfuerzo es valioso y trascendental desde el punto de vista general. Si sientes que tu esfuerzo rendirá frutos, que encajas en el lugar donde estás, que no eres inferior a los demás, y percibes el impacto que esto genera en tus objetivos generales, será más sencillo ceñirte a un plan de acción. Es más sencillo mantenerse motivado cuando se cumplen estas condiciones.

- Mentalidad 2: Siéntete cómodo en medio de las situaciones incómodas. Con el cambio, la incomodidad es inevitable. Toda iniciativa tendrá cierto grado de incomodidad, a menos que quieras pasarte todo el día a solas viendo televisión. Por consiguiente, acostumbrarse a dicho sentimiento te permite luchar por lo que quieres sin temor alguno. Cuando aprendes a anticipar la incomodidad, no permites que entorpezca tus planes. La reconoces, pero jamás la vez como un motivo para tirar la toalla.
- Mentalidad 3: Si no perseveras en la culminación de tus proyectos, no habrá aprendizaje. Solo cuando culminas una

actividad puedes evaluarte y corregir tus errores. Adopta una mentalidad enfocada en la búsqueda de información. El fracaso no es algo negativo; te proporciona información valiosa que, con la mentalidad adecuada, puede ayudarte a crecer y evolucionar.

- Mentalidad 4: No se debe subestimar el efecto nocivo del estrés y la ansiedad. El estrés aumenta nuestro instinto de supervivencia y hace que tomemos decisiones que repercuten de forma potencialmente negativa en nuestra vida. Incluso un estado de ánimo negativo puede amenazar tu productividad y perseverancia. Desarrolla autoconciencia y toma medidas proactivas para regular tus niveles de estrés. Reduce los niveles de cortisol y lleva una vida equilibrada (el efecto secundario es que, a la larga, un descanso podría aumentar tu productividad).

Capítulo 5: La ciencia de vencer la procrastinación

La procrastinación es un problema grave para la consecución de un objetivo. ¿Cómo puedes abordarlo de forma eficaz?

Madeleine está por iniciar un proyecto de gran envergadura. Tiene una semana para entregarlo. Sabe que para cumplir con tal exigencia, tiene que completar 15 páginas de código al día. Sin embargo, cuando llega el momento de la verdad, le resulta imposible trabajar. Así que lo posterga, con la intención de escribir 30 páginas al día siguiente para compensar el progreso perdido. Posteriormente, le resulta imposible escribir 30 páginas, así que lo posterga y ahora tiene que escribir 45. Ahora tiene la fecha límite encima y apenas ha escrito el código, y sus niveles de estrés están por las nubes.

Se desvela trabajando y envía un código plagado de errores. Se siente terrible. El código presentó muchas dificultades que no tuvo tiempo de resolver debido a lo atrasada que estaba en términos de trabajo. El cliente rechaza el código y se siente insatisfecho. Madeleine acaba de ganarse una reseña negativa y ha perdido a un cliente. Lo peor de todo es que, a decir verdad, el trabajo no era tan difícil, y Madeleine sabe en el fondo que pudo haberlo hecho mejor sin mucha dificultad.

Michelle trabaja con el mismo tipo de proyectos. A diferencia de Madeleine, Michelle entiende cuáles podrían ser las piedras en el camino. Ella divide el trabajo en partes pequeñas y manejables, escribe la mayor cantidad de código posible todos los días y se otorga una recompensa por cada sección que completa.

Generalmente, es capaz de cumplir o superar la cuota mínima de 15 páginas que ella misma estableció. Al final de la semana, compila el código sin errores y se lo envía al cliente. Este está muy satisfecho de tener un código que funcione correctamente y le paga una buena cifra. Michelle se gana una reseña de cinco estrellas y el cliente se muere de ganas de volver a contratarla para futuros proyectos. Se siente satisfecha de manejar con eficiencia el trabajo asignado y se siente un poco más orgullosa a raíz de un proyecto completado con diligencia.

Imaginemos que ambas mujeres son iguales en términos de talento e inteligencia. La diferencia entre ambas programadoras es que Michelle tuvo éxito en su proyecto al evitar la procrastinación. Usó un sistema llamado integración de tentaciones para asegurarse de no aplazar el trabajo. Esto le brindó suficiente tiempo no solo para escribir el código, sino para identificar y solucionar errores antes de la fecha de entrega. Madeleine no tomó tales previsiones, lo que la llevó a entregar un producto mediocre. Resulta evidente que la procrastinación es causante de mucho estrés, frustración y trabajo mediocre.

Otra desventaja de la procrastinación suele pasar desapercibida: incluso si Madeleine lograba producir un código adecuado bajo presión, podría seguir reprochándose que pudo haberlo hecho mejor. Incluso después de la fecha de entrega, podría llegar a pensar que, después de todo, no es tan buena programadora. Sin percatarse de ello, podría estarle enseñando a su cerebro que esta asignación superaba sus capacidades. Quizá, la próxima vez que llegue un trabajo similar, se diga de forma inconsciente que no es capaz de hacerlo (pues, de lo contrario, ¿por qué le costó tanto la vez pasada?).

Todos sabemos qué es la procrastinación. Sin embargo, ¿por qué es tan común que ocurra en las personas que intentan ceñirse a una fecha límite y entregar un producto de calidad? La psicología del comportamiento ha proporcionado algunas respuestas sobre el tema.

El factor principal de este hábito autodestructivo es denominado *inconsistencia de tiempo*. Esto ocurre cuando los humanos valoran más la satisfacción inmediata e instantánea que los beneficios a largo plazo.

Imagina que tienes dos identidades: un "yo" del presente y un "yo" del futuro. En este contexto, son personas completamente distintas, con deseos distintos y que resultan completamente incompatibles. Cuando estableces un objetivo, estás haciendo planes para tu "yo" del futuro. Es fácil planificar lo que traerá mayores beneficios para tu "yo" del futuro. Visualizas lo que necesitarás a futuro y procedes a desearlo, así que trazas tus planes en consecuencia. Los investigadores han descubierto que visualizar tu futuro ideal es pan comido. Es evidente el por qué: es algo completamente abstracto.

Sin embargo, solo tu "yo" del presente puede *tomar medidas.* Para que tus objetivos se hagan realidad, tu "yo" del presente tiene que pasar a la acción. Aquí y ahora. Cuando te imaginas el futuro, visualizas un escenario en el que ya has alcanzado tu objetivo y te sientes satisfecho con ello. Sin embargo, cuándo vuelves al presente, sigues siendo el viejo tú, la misma persona de siempre, y no puedes ver otra cosa que todo el trabajo que tienes por delante.

Lamentablemente, tu "yo" del presente quiere beneficios *inmediatos*. No quiere esperar a ver los resultados en el futuro. Qué bueno sería si pudiésemos imaginar un objetivo y alcanzarlo al instante, ¿no crees? Por lo tanto, te resistes a trabajar en objetivos a largo plazo, dándole prioridad a las tareas que te brindan una satisfacción inmediata. Tu cerebro observa una recompensa monumental que solo se hará efectiva en, digamos, 5 años (o puede que jamás lo haga) y la compara con las demás recompensas pequeñas pero seguras que no se encuentran a más de unos cuantos segundos de distancia.

Por ejemplo, quieres completar un proyecto ambicioso porque te interesa generar dinero, pero te mueres por una siesta. Elegirás la siesta por encima del trabajo porque supone una gratificación inmediata para tu "yo" del presente. Mientras tanto, estás perjudicando a tu "yo" del futuro al tomar una siesta en lugar de trabajar.

Tu "yo" del futuro quiere objetivos que rindan frutos en algún momento futuro tras haber llevado a cabo una acción en el presente. El "yo" del presente quiere recompensas instantáneas, las cuales, por su parte, muchas veces resultan perjudiciales para la posibilidad de que tu "yo" del futuro obtenga sus recompensas a largo plazo. Cuando ambas identidades se enfrentan, lamento decirte que es tu "yo" del presente el que sale victorioso.

La mejor forma de contrarrestar esta inconsistencia es estableciendo de forma más eficiente recompensas a largo plazo en el presente. De esta forma, tu "yo" del presente percibe el beneficio y quiere ceñirse al programa a largo plazo. Esperar una futura gratificación suele ser insuficiente para motivar a tu "yo" del presente, pues este se rehúsa a esperar.

Integración de tentaciones

La integración de tentaciones es un excelente método para acabar con la procrastinación y aumentar la productividad al combinar a nuestros "yo" del presente y futuro, además de sus necesidades incompatibles.

Esto parte del concepto anterior e incluye los medios para reducir la tentación de descuidar el futuro con tus acciones actuales. Concebida por la analista del comportamiento Katy Milkman de la Universidad de Pensilvania, la integración de tentaciones es una forma de combinar tus necesidades presentes y futuras al garantizar que las recompensas futuras resulten más inmediatas. Te brindas recompensas inmediatas en el presente mientras cumples objetivos que traen beneficios a largo plazo.

Es más sencillo de lo que parece.

Básicamente, buscas la manera de hacer que una acción o hábito positivo (pero difícil) a largo plazo también resulte placentero en la actualidad. Comer *Twinkies* mientras haces ejercicio, hacer ejercicio mientras ves televisión, o trabajar mientras sumerges los pies en un baño de sal son algunos ejemplos de las maneras en que podemos lograr que las metas a largo plazo brinden una satisfacción inmediata.

No es necesario que sufras en el presente para cumplir una meta a largo plazo; si sufres, entonces perderás la motivación y procederás a procrastinar, o, en el mejor de los casos, tu fuerza de voluntad se verá gravemente afectada. Por lo tanto, encuentra formas de integrar tus tentaciones a tus objetivos a largo plazo. En otras palabras, combina tus obligaciones con recompensas instantáneas.

Milkman descubrió que hasta un 51 % de los participantes en el estudio estaban dispuestos a poner en práctica la integración de tentaciones. Es un método eficaz para corregir hábitos de procrastinación. Deberías hacer una lista con dos columnas: una que corresponda a las tentaciones o placeres que te hacen sentir culpable y la otra que describa tus objetivos a largo plazo. Posteriormente, intenta idear una forma creativa de lograr la armonía entre dichas columnas incompatibles.

Desde el punto de vista práctico, estás buscando un equilibrio que satisfaga tanto tus necesidades presentes como futuras. Supongamos que te gusta el chocolate, el surf, el fútbol y el atletismo. Sin embargo, el trabajo, las tareas y las lecciones de piano te impiden realizar dichas actividades. ¿Cómo podrías combinar los elementos para que las actividades desagradables resulten más tolerables?

Sin embargo, vale la pena mencionar que este proceso debería llevarse a cabo con cautela, de manera que no termines saboteándote. Comerse diez *Twinkies* durante una sesión de ejercicio de diez minutos iría en contra de tu objetivo de ponerte en forma. En lugar de ello, intenta pensar en la recompensa de menor proporción que seguiría resultando satisfactoria, y combínala con la acción más trascendental que podrías realizar en aras de alcanzar tu objetivo a largo plazo.

Aumentar la proporción de las tareas en cantidades pequeñas y manejables

Otra manera de mitigar la procrastinación es aumentando la proporción de las tareas en cantidades pequeñas y manejables. A decir verdad, te conviene dividir las tareas en elementos minúsculos, casi microscópicos. Esta acción hace que tu primer paso resulte increíblemente sencillo (y dar el primer paso es la parte más difícil de la procrastinación).

Mira la procrastinación como un muro gigantesco que debes subir. Si recolectas suficientes rocas y guijarros, poco a poco podrás crear un escalón lo suficientemente alto para cruzar el muro. Puedes recolectar pedruscos del tamaño de tu torso, y puede que obtengas el mismo resultado, pero es un procedimiento mucho más difícil.

Limítate a garantizar que los obstáculos iniciales tengan la menor complejidad posible. Por ejemplo, podrías incluso completar el 95 % de una tarea y asignar el 5 % restante para la próxima jornada, de manera que retomes la actividad con un buen ritmo. Dicha acción rompe con la inercia y te impulsa. Obtendrás una mayor velocidad al crear nuevas tareas sobre la marcha que puedas desarrollar más adelante mientras abordas las partes más complejas del proyecto.

El acto de aumentar la proporción de las tareas en cantidades pequeñas y manejables involucra dos partes principales. La primera parte es dividir tus tareas en pasos más pequeños y manejables. No veas tu tarea como un pedrusco gigantesco que tienes que completar de una vez. Por el contrario, mírala como una serie de pasos que debes realizar desde un punto A hasta un punto B. Conforme las actividades comiencen a parecer más sencillas y manejables, tu mente te estará muy agradecida.

Cuando comienzas a trabajar con la noción de que te estás aventurando en una misión de proporciones épicas, el trabajo se siente pesado y abrumador. Sin embargo, si limitas tu trabajo diario a un pequeño paso, resulta mucho más manejable (e incluso sencillo). Un buen ejemplo sería ver el proyecto de redacción que tienes por delante como una serie de pequeños párrafos de 100 palabras. Es pan comido escribir un párrafo tan diminuto, ¿no crees?

Puede que al final tengas que escribir 100 páginas, pero no lo veas desde esa perspectiva. No tienes que pensar en las 100 páginas, tu único trabajo es concentrarte en las próximas 100 palabras. Cuando termines con ellas, puedes pensar en lo que viene, pero por ahora limítate a concentrarte en el siguiente paso pequeño.

Míralo como dar pasos pequeños a través de párrafos cortos. Tras haber completado cierta cantidad de párrafos, habrás escrito tus 100 páginas. Las tareas pequeñas se desarrollan con rapidez, sobre todo cuando no estás procrastinando, así que establece pasos pequeños y mentalmente manejables que puedas llevar a cabo para desarrollar una tarea más grande y alcanzar tu objetivo final. En realidad, un libro no es más que un párrafo enorme, e incluso dicho párrafo, después de todo, se encuentra formado por palabras individuales.

La segunda parte consiste en comenzar con la tarea más sencilla. Esto podría parecer ilógico. ¿Por qué dejarías lo más difícil para el final? Recuerda que la clave para vencer la procrastinación es hacer que el primer paso sea lo más sencillo posible. Con cada tarea sencilla que tachas de tu lista, te motivas y le demuestras a tu mente que culminar la tarea es más que posible. Cuando llegues a las tareas más complejas, a tu mente le parecerán más alcanzables y superables debido a todo el trabajo que ya ha superado.

La inercia es la fuerza que se desarrolla cuando estás en reposo. Por otro lado, el impulso es lo que te hace perseverar hasta terminar todas tus asignaciones. Tu misión es vencer la inercia y ganar impulso. La idea no es actuar con rapidez o completar una cantidad enorme de trabajo de un solo golpe, basta con dar el primer paso y perseverar. Aumentar la proporción de las tareas en cantidades pequeñas y sencillas cumple dicha función, pues ninguna otra cosa te hará avanzar con mayor rapidez.

Retomando el ejemplo de redacción: piensa cómo llevar a cabo las partes sencillas, como el resumen y las notas de investigación. Escribe primero las partes que exijan menos esfuerzo. Termina la parte más extensa del trabajo; las cosas sencillas que no tienen mucha dificultad pero que consumen mucho tiempo. Úsalo como ejercicio preparatorio y aumenta tu nivel de confianza.

Deja el 5 % más complejo del texto para el final, cuando hayas ganado velocidad. Llegado a este punto, puede que el simple hecho de estar tan cerca de la línea de meta te brinde la motivación suficiente. No te sentirás tan frustrado y abrumado, y, por consiguiente, no verás el texto asignado como un gran sacrificio para tu "yo" del presente. Terminarás la tarea sin necesidad de sufrir, lo cual brinda cierta satisfacción a tu "yo" actual.

Toma en cuenta los riesgos

Una última táctica es tomar en cuenta lo que podría salir mal. Mantenerse muy atento a *lo que podría salir mal* es una táctica empleada por personas muy exitosas y productivas como Bill Gates. Jim Collins explora esta táctica en su libro *Great By Choice*. Refiriéndose a ella como *paranoia productiva*, el autor señala la forma en que personas como Bill Gates se mantienen en un estado constante de paranoia sobre lo que podía salir mal.

Sin embargo, dicha paranoia es más que una ansiedad fútil: es *productiva*, lo que quiere decir que, a la larga, cumple un rol importante para alcanzar el éxito. Al mantenerse constantemente preparadas para el peor de los casos e intentar evitarlo, las personas descritas en el libro, de hecho, terminaron esforzándose el doble. No apartaban la mirada de sus proyectos con el propósito de evitar los peores escenarios posibles. Como resultado, el miedo los motivó y les impidió procrastinar.

Desarrolla un poco de paranoia y comienza a preguntarte qué podría salir mal. Esto te pone los pies sobre la tierra y te hace concentrarte en consecuencias reales, y no en hipótesis o ilusiones. Considera diseñar planes de contingencia y tratar de evitar ciertos obstáculos o problemas. Pensar en lo que podría salir mal puede hacer que te esfuerces en evitarlo. Como resultado, te vuelves más productivo a causa del temor que te invade y a la atención extrema que requiere la situación. Además, obtienes una comprensión más profunda del proceso, pues no solo prestas atención a los aspectos positivos, sino que anticipas y te ajustas a los posibles aspectos negativos.

Reflexiona en lo contraproducente que sería si te demoras en pasar a la acción. La oportunidad podría ir a parar en manos de alguien más proactivo. Puede que incluso tu oportunidad se esfume sin más, pues en muchas ocasiones el factor tiempo es apremiante. Piensa en lo nefasto que podría significar para tu éxito. El miedo al fracaso te motivará.

Por supuesto, el miedo no es un incentivo agradable. Sin embargo, si resulta efectivo, ¿por qué no usarlo? Saber que estás en alguna clase de aprieto te hace esforzarte al máximo. La procrastinación nace del aburrimiento, autocomplacencia y seguridad, así que el librarte de dichas emociones puede hacerte sentir paranoico y ansioso de evitar las consecuencias negativas. Seamos sinceros: nada es eterno en el mundo, y, en ocasiones, no actuar de forma oportuna puede significar realmente una oportunidad perdida.

Debido a que el miedo no es incentivo divertido, asegúrate de usarlo en dosis pequeñas y seguras. Usarlo en exceso puede drenar tus energías y generar estrés. Como todos sabemos, el estrés resulta nocivo para tu energía laboral. Evita el estrés y solamente aplica esta táctica cuando la tentación a procrastinar sea demasiado fuerte.

En el ejemplo expuesto al inicio del capítulo, Madeleine pudo haberse valido del miedo para estar atenta a los posibles errores y, por consiguiente, motivarse a escribir el código todos los días. Aprovechando el miedo, pudo haber asegurado tener tiempo de sobra para resolver cualquier eventualidad, de manera que pudiese compilar el código de forma apropiada y garantizar que el código estuviese libre de errores. Hubiese anticipado los posibles errores y se hubiese esforzado todos los días con el propósito de tener tiempo de sobra para identificar y solucionarlos.

Vale la pena resaltar que no será cualquier miedo o paranoia el que impulsará nuestro éxito; debe tratarse de un intento consciente e intencional de aprovechar riesgos concretos a nuestro beneficio. Con una mentalidad práctica y honesta, podemos ver que a lo que realmente deberíamos temerle es a la inacción, procrastinación o a perder la oportunidad de desarrollar nuestro verdadero potencial.

Moralejas:

- Enfrentar la procrastinación es como empujar la piedra de Sísifo. Puedes hacerla retroceder un poco, pero su avance es tan natural que nunca serás capaz de librarte por completo de su influencia. El problema se caracteriza por una inconsistencia temporal, donde adquirimos dos identidades con deseos incompatibles: una que busca satisfacción a largo plazo y la otra la desea cuanto antes.
- Necesitamos buscar la manera de integrar la satisfacción y recompensa a largo plazo en el presente, de manera que nuestro "yo" actual también se sienta satisfecho.
- La integración de tentaciones es un método eficaz para combatir la procrastinación. Consiste en combinar tus tareas menos gratas con algo placentero. Esto funciona más que nada porque te opones a la inconsistencia temporal y satisfaces simultáneamente las necesidades de tu "yo" del presente y del futuro.
- Cuando integres una tentación, asegúrate de equilibrarlas con cautela de

manera que no estés restándole importancia a tu objetivo general. Elige la recompensa más pequeña y la acción más trascendental que puedas realizar sin problemas y con tu objetivo en mente.

- Comienza con pasos pequeños. La procrastinación se alimenta de la inercia. Por lo tanto, necesitas que la etapa inicial de ejecución sea lo más sencilla posible. Poco a poco ganarás impulso (lo opuesto a la inercia). La clave es limitarte a trabajar en la pequeña actividad que tienes en frente. En otras palabras, si resolvemos lo pequeño, lo grande se resolverá por sí solo.
- En ocasiones, vencer la procrastinación no necesita más que un buen escarmiento. Un poco de miedo y paranoia productiva pueden darte una mano; si sientes temor de las repercusiones que enfrentarás, es seguro que te sentirás impulsado a tomar cartas en el asunto. Puede que diseñes mejores planes de contingencia, identifiques mejor tus debilidades y

suposiciones, y dirijas tu mirada al futuro para anticipar los posibles problemas. Sin embargo, este no es un método que deberíamos usar con mucha frecuencia; tiene que tratarse de paranoia productiva que produzca una acción concreta. Como hemos discutido anteriormente, el estrés común resultaría contraproducente.

Capítulo 6: Una zona libre de distracciones

Este es el capítulo que promete darte un buen escarmiento. Está repleto de técnicas efectivas que garantizan que pasarás a la acción con premura. Ya analizamos a fondo algunos de los aspectos psicológicos detrás de la procrastinación, y cómo usar con prudencia las recompensas, riesgos y miedos como persuasión para cumplir los objetivos. Sin embargo, en un momento determinado, *deberás limitarte a actuar*. Sin más dilación, ¡comencemos!

Reducir las distracciones

Solemos pensar que la distracción puede ser nuestra aliada en términos de disciplina. Ya que la fuerza de voluntad es limitada, llegamos a la conclusión de que es mejor tomar un descanso, revitalizarnos y distraernos de las tentaciones.

Baba Shiv, profesor de mercadotecnia en la Escuela de Postgrado de Negocios Stanford, dirigió un estudio que demostraba cómo nos afectan las distracciones. Shiv distrajo a un grupo de participantes pidiéndoles que recordasen un número telefónico, y luego les pidió a todos que escogiesen entre pastel y fruta. Aquellos que intentaban recordar el número telefónico eligieron el pastel con un 50 % más de frecuencia que aquellos que no contaban con dicha distracción. La conclusión es que la fuerza de voluntad es limitada: si la consumes con una distracción, no tendrás mucha que dedicarle a lo que realmente importa.

Si te distraes con frecuencia, sucumbes ante la tentación sin darte la oportunidad siquiera de reunir tu fuerza de voluntad. Ni siquiera se te ocurre, y eliges el camino fácil a pesar de que tenías las mejores intenciones. Las distracciones menoscaban nuestra disciplina sin que nos percatemos de ello, y podrías llegar a la conclusión de que todo se debe a que eres una persona con poca fuerza de voluntad. Este proceso puede ocurrir en segundo plano, de manera que ni siquiera nos percatamos de que nuestra disciplina está disminuyendo hasta que es demasiado tarde y todos nuestros esfuerzos anteriores han sido en vano.

El diseño del área de la caja registradora en los supermercados es un excelente ejemplo de cómo sacarle provecho a la mente distraída y a la fuerza de voluntad mermada. Puedes tomar buenas decisiones durante todo tu recorrido por el supermercado, pero te resulta imposible escapar sin distraerte con los caramelos, chocolates y bocadillos en el área de la caja.

Este suele ser el momento más difícil para tener disciplina porque estás cerca de la salida y tu mente ya está en otro lugar, sin mencionar que los artículos son económicos y están al alcance de tus manos. Agrégale un niño insistente y un teléfono que no para de sonar y, de pronto, qué sencillo resulta tomar un par de bocadillos dañinos que normalmente no comprarías, y que de hecho te habías prometido no hacerlo.

Ahora que sabes esto, ¿qué deberías hacer? Si trabajas en un ambiente desordenado, límpialo. Un escritorio libre de desorden puede contribuir a tener una mente libre de distracciones, y una mente libre de distracciones tiene más probabilidades de mantener la concentración y disciplina. Un estudio de la Universidad de Cornell proporcionó evidencia contundente en favor del concepto *"ojos que no ven, corazón que no siente"* como un medio para fomentar la disciplina, y aplica para muchos aspectos que van más allá de tu escritorio.

A los participantes del estudio se les proporcionó un frasco lleno de besitos de chocolate que era opaco o transparente y estaba colocado en su escritorio o a seis pies de distancia. En promedio, los participantes comieron 7,7 besitos de chocolate por día de los frascos transparentes en su escritorio, en contraste a los 4,6 por día de los frascos opacos colocados en el mismo lugar. Cuando los frascos se colocaron a seis pies de distancia, los participantes comieron 5,6 besitos por día de los frascos transparentes y 3,1 por día de los frascos opacos.

Inesperadamente, los sujetos del estudio reportaron de forma reiterada que sentían haber comido más besitos de chocolate de los frascos que estaban colocados a seis pies de distancia, a pesar de que no era cierto. Esta discrepancia supone un dato vital porque proporciona una pauta sencilla para mejorar la disciplina: puedes usar la pereza a tu favor para eliminar las distracciones de tu lugar de trabajo. Puede que no te olvides por completo de estas distracciones, pero mientras más tengas que esforzarte para satisfacer una tentación, menores serán tus probabilidades de que lo hagas. Además, esto evita algunos de los deslices de indisciplina más contraproducentes: aquellos de los que ni siquiera nos percatamos.

Es mucho más fácil que intentemos alcanzar un frasco de galletas de forma inconsciente si resulta visible y está al alcance de las manos. Ese es el tipo de escenario que querrás evitar cuando diseñes un ambiente orientado a la disciplina. Si colocas el frasco de las galletas en un armario lejano, no eliminas la tentación del todo pero haces que ceder ante ella requiera mucho esfuerzo. Esto marca una gran diferencia.

Básicamente, te interesa crear un ambiente libre de distracciones y tentaciones evidentes. Puedes facilitar mucho la disciplina mediante el simple hecho de eliminar los deslices mecánicos y espontáneos de indisciplina que son generados por un ambiente que no ha sido optimizado.

Esto aplica a tu escritorio, área de trabajo, oficina, el campo de visión desde tu escritorio e incluso al fondo de pantalla de la computadora. Mantenlos libres de la mayor cantidad de distracciones y te olvidarás de ellas sin más. Usa apps que te impidan navegar en las redes sociales o en internet en general, silencia las notificaciones del teléfono y déjalo en la habitación contigua, usa audífonos para bloquear el sonido, y no mantengas ningún objeto llamativo en el escritorio. De esta forma, cuando incurras en un desliz de indisciplina o aburrimiento, puede que te percates de que tu concentración está flaqueando, pero estarás obligado a seguir trabajando.

Predeterminar las acciones y conductas positivas

Optimizar tu entorno para la disciplina se reduce concretamente a entender cuán automáticas son la mayoría de tus decisiones.

Para explicar este punto, toma en cuenta los hallazgos de un estudio sobre donantes de órganos que fue realizado en 11 países europeos. Los datos recolectados demostraron que los países que automáticamente registraban a sus ciudadanos como donantes de órganos (teniendo que realizar un trámite si deseaban anular dicho registro) tenían índices de participación iguales o superiores al 95 %. Sin embargo, cuando ser donante no era la elección predeterminada, el índice de participación más alto entre los 11 países fue de un mero 27 %. Al final, las personas optaron por la opción que les exigía menos esfuerzo. Los resultados no reflejaban si realmente tenían intención de ser donantes.

El mismo concepto de predeterminar la opción más conveniente puede aplicarse en el ámbito de la disciplina. Somos perezosos, así que aceptaremos gustosos cualquier cosa que nos presenten. Puedes facilitarte el hecho de elegir las opciones que más te beneficien y a la vez impedirte en la medida de lo posible tomar decisiones que te perjudiquen.

Una opción predeterminada es aquella que la persona elige siempre y cuando tenga que hacer la menor cantidad de esfuerzo. En otros contextos, las opciones predeterminadas también incluyen aquellas que son obligatorias o recomendadas. Un sinfín de experimentos y estudios observacionales han demostrado que predeterminar una opción aumentará las probabilidades de que la elijamos, lo que se conoce como efecto predeterminado. Tomar una decisión requiere energía, así que solemos elegir la opción predeterminada para ahorrar energía y evitar tener que tomar decisiones, sobre todo cuando no estamos muy familiarizados con el tema sobre el que tenemos que tomar la decisión.

Optimizar dichas decisiones predeterminadas es lo que puede dar lugar a la creación de un entorno que promueva la disciplina. Puede que creas controlar la mayoría de tus decisiones, pero en realidad no es así. A decir verdad, eres un ser que funciona través de métodos simplificados, usando hábitos y rutinas adquiridas para abrirte paso en tu día a día. De hecho, gran parte de tus acciones no son más que respuestas al entorno.

Si te distraen las redes sociales, por ejemplo, podrías mover los iconos hasta el final de la lista de apps del teléfono, de manera que no las veas constantemente cada vez que lo tomes para hacer algo más. Aún mejor, puedes cerrar sesión de las apps tras haberlas usado o eliminarlas por completo, de manera que solo las uses cuando realmente quieras hacerlo y no permitas que se convierta en una mera distracción.

Además, si tienes el hábito de tomar el teléfono inconscientemente mientras trabajas, puedes limitarte a colocarlo boca abajo y a una distancia donde tengas que levantarte para alcanzarlo. Si quieres practicar más con el violín, colócalo en el escritorio junto a la partitura. Si quieres usar hilo dental con más frecuencia, asegúrate de tener un poco en tu mochila, en el baño, en tu mesa de noche, y en el sofá. Si quieres mejorar tu dieta, suscríbete a un servicio de reparto a domicilio, de manera que cada vez que llegues a casa encuentres un platillo saludable esperando por ti y tu única tarea sea limitarte a comerlo.

Existe un sinnúmero de ejemplos de cómo podrías utilizar el efecto predeterminado para tener más disciplina sin tener que usar mucha fuerza de voluntad. Otro ejemplo es que si dejas las papas fritas y galletas sobre la mesa, tu elección predeterminada será comerlas cada vez que entres a la cocina sintiendo la más mínima sensación de hambre.

Ocultar (o ni siquiera comprar) estos alimentos dañinos y reemplazarlos con frutas aumentará en el acto la probabilidad de que comas frutas y evites los alimentos dañinos. ¿Quieres hacer más ejercicio? Coloca una barra para hacer flexiones en la entrada del baño. Tal como ves, es posible usar la pereza natural del ser humano a nuestro favor; tan solo asegúrate de que la elección perjudicial requiera demasiado esfuerzo, ¡y probablemente renunciarás a ella!

Si en el refrigerador tienes gaseosas y jugos con alto contenido en azúcar, los conviertes en tu bebida predeterminada cada vez que tengas sed y abras el refrigerador. Sin embargo, si no cuentas con dichas opciones, aumentas la probabilidad de que tomes agua o hagas té. ¿Quieres tomar más vitaminas? Colócalas cerca de tu cepillo de dientes para que estén a la mano.

Si te la pasas sentado en la oficina y tienes problemas de espalda, podría hacerte bien levantarte y caminar de vez en cuando a lo largo del día. Puedes convertir este hábito en tu elección predeterminada al tomar mucha agua, de manera que te veas obligado a ir al baño. ¡No necesitas fuerza de voluntad! Alternativamente, podrías programar alarmas en tu teléfono y colocarlo en algún lugar fuera de alcance, de manera que tengas que levantarte a desactivar la alarma.

Lo que esto busca demostrar es que puedes ahorrar energía y fuerza de voluntad al realizar cambios positivos en tu entorno. Los dos aspectos principales para cambiar el entorno consisten en deshacerse del desorden y las distracciones, y optimizar las elecciones mediante el efecto predeterminado. Te interesa reducir el esfuerzo cognitivo lo más que puedas, mientras te manipulas a ti mismo para hacer lo correcto de forma inconsciente.

Si reduces las distracciones de tu entorno, lograrás aclarar tu mente, lo cual, a su vez, aumentará la concentración, eficiencia y productividad. Además, puedes sacarle provecho al sistema de gratificación de la dopamina al reforzar tus buenos hábitos y a la vez restringiendo la búsqueda inconsciente de los pequeños placeres. Por último, puedes hacer que la ruta menos forzosa sea la que te dirija a los resultados que más te convienen y beneficien.

Esto evita que tengas que recurrir a la disciplina y puedas ahorrarla para tus tareas diarias de mayor dificultad. Después de todo, ¿por qué usar la fuerza de voluntad cuando no la necesitas si puedes trazar un plan en previsión a ello? Además, independientemente de quien seas, lo más probable es que haya alguna otra área de tu vida que pueda beneficiarse de toda la fuerza de voluntad que ahorrarás con este método.

Residuos de atención

Hay ocasiones donde concentrarse en el trabajo puede ser difícil, y comienzas a preguntarte por qué es tan complicado mantenerte enfocado e ignorar las distracciones. Por suerte, hay una explicación para este fenómeno. En el 2009, Sophie Leroy publicó un artículo acertadamente titulado "¿Por qué es tan difícil hacer mi trabajo?". En dicho artículo, explicaba un efecto que ella denominó "residuo de atención".

Leroy se percató de que otros investigadores habían estudiado el efecto que las multitareas tenían en el desempeño de las personas, pero que en el ámbito laboral de hoy en día, en cuanto se alcanzaba una posición lo suficientemente alta, resultaba más común ver a las personas trabajando en múltiples proyectos de forma secuencial. "Pasar de una reunión a otra, comenzar a trabajar en un proyecto y poco después hacer la transición a otro es parte de la vida de una organización", explica Leroy.

Básicamente, esta es la versión moderna de las multitareas: trabajar en distintos proyectos durante períodos cortos y alternando entre ellos, no necesariamente haciéndolos todos a la vez. Puede que las personas no trabajen en distintas tareas a la vez, pero alternar constantemente entre ellas es casi tan perjudicial. A efectos prácticos, estas también son multitareas.

El problema identificado por la mencionada investigación es que no puedes alternar entre tareas sin que haya algún tipo de retraso. Cuando pasas de la Tarea A a la Tarea B, tu atención se queda rezagada; un residuo de la misma sigue enfrascado en la tarea original. Este efecto empeora y el residuo se vuelve incluso más "espeso" si tu dedicación a la Tarea A no estaba del todo consolidada y carecía de intensidad antes de hacer la transición, pero incluso si terminas la Tarea A antes de realizar dicha transición, tu atención seguirá dividida por un tiempo.

Los experimentos de Leroy obligaban a las personas a alternar entre distintas tareas en un laboratorio. En uno de los experimentos, hizo que los sujetos comenzasen a trabajar en una serie de crucigramas. En una de las pruebas, interrumpía la actividad y obligaba a los participantes a realizar una actividad nueva y complicada (por ejemplo, leer currículums y tomar la decisión hipotética de a quién contratar). En otras pruebas, permitía que los sujetos terminasen los crucigramas antes de asignarles la siguiente tarea.

Mientras los participantes alternaban entre resolver el crucigrama y contratar empleados hipotéticos, Leroy les aplicaba un rápido ejercicio de decisión léxica con el propósito de cuantificar la cantidad de residuo que quedaba de la primera tarea. Los resultaron fueron claros: "Las personas que experimentan residuos de atención tras alternar entre tareas tienen mayores probabilidades de exhibir un desempeño mediocre en la siguiente asignación", y mientras más intenso fuese el residuo, peor sería el desempeño.

Este hecho no parece tan descabellado cuando lo piensas más a fondo. Todos hemos experimentado ese momento frenético en el que hacemos miles de cosas a la vez y de pronto nos sentimos incapaces de mover un dedo. ¿Cómo puedes concentrarte en alguna tarea si no paras de alternar entre dos o más cosas distintas? Probablemente te quedarás estacado en el proceso de intentar darle sentido a la situación y organizarla de una forma comprensible. Esto no logrará otra cosa que hacerte perder el tiempo intentando recuperar el ritmo en lugar de avanzar con la tarea en sí. Cada vez que lo intentes, avanzarás un paso, pero retrocederás dos.

Las noticias son incluso peores por parte de un investigador de Stanford, Clifford Nass, quien analizó el patrón de trabajo de las personas que realizan multitareas. Los investigadores dividieron a los sujetos en dos grupos: los que realizaban multitareas en el ámbito de los medios de comunicación y los que no lo hacían. En un experimento, a los grupos se les mostró una serie de imágenes que mostraban dos rectángulos en solitario o que estaban rodeados por dos, cuatro, o seis rectángulos azules. Cada configuración se mostró brevemente en dos ocasiones, y los participantes debían determinar si los dos rectángulos rojos de la segunda imagen diferían de los primeros.

Suena bastante simple: limítate a ignorar los rectángulos azules y fíjate si los rojos cambian. De hecho, era bastante sencillo, y aquellos que no solían realizar multitareas no presentaron problema alguno para hacerlo. Sin embargo, aquellos que realizaban multitareas con frecuencia tuvieron un desempeño terrible, pues no paraban de distraerse con los irrelevantes rectángulos azules.

Debido a que eran incapaces de ignorar las imágenes, los investigadores teorizaron que quizá tenían más talento para almacenar y organizar la información. Quizá tenían

mejor memoria. Sin embargo, esto fue refutado por el segundo experimento. Tras mostrarles una secuencia de letras, los individuos que realizaban multitareas con frecuencia también mostraron dificultades para recordar si alguna letra se repetía. Y una vez más, los individuos que pocas veces realizaban multitareas exhibieron un mejor desempeño en general. Así de sencillo fue el experimento.
"Los que realizaban pocas multitareas tuvieron buenos resultados", señaló Ophir. "Los que las realizaban con frecuencia tuvieron un desempeño cada vez peor a medida que el experimento avanzaba, pues veían más letras y tenían problemas para organizarlas en su cerebro".

Puede que las multitareas parezcan la mejor de ambas opciones, pero cuando estás en una situación donde estás expuesto a distintas fuentes de información que provienen de tu entorno o de tu memoria, te resulta imposible filtrar lo que resulta irrelevante para tu objetivo actual. La incapacidad de filtrar la información implica que serás entorpecido por información irrelevante y tendrás problemas para completar las tareas sin distraerte. Es mucho más fácil concentrarse en una cosa a la vez, impidiendo las distracciones, que intentar hacer varias cosas a la vez y saturar el cerebro con demasiada información.

Basándonos en los resultados obtenidos en ambos experimentos, queda claro que las multitareas no tiene nada positivo, y que cualquier intento de usar este método resulta fútil. Claro, podría parecer que estás esforzándote al máximo, pero no es más que una ilusión. Al realizar varias tareas a vez, eres incapaz de concentrarte como se debe en ninguna de ellas o de ignorar las distracciones que entorpecen tu labor. Además, cuando alternas entre tareas, se necesita cierto tiempo para que la atención se transfiera y funcione como lo necesitas. Puede que existan métodos que aumenten la efectividad de las multitareas en una mínima proporción, pero la lección en general es que deberías evitarlas cuando sea posible.

Monotareas. ¿Qué significa este término?

Cuando te enfocas en una única tarea, interrumpes cualquier otra actividad y dejas de revisar las redes sociales, verificar el correo electrónico o incluso interactuar con cualquier otra cosa que no sea la tarea que te atañe. Exige que te concentres en un único objetivo y te desconectes de forma deliberada e intencional de cualquier otra actividad. Desactiva las notificaciones y deshazte de tu teléfono. Si es necesario que uses la computadora, mantén una única pestaña o programa abierto a la vez.

Gran parte de las monotareas consiste en evitar de forma consciente las distracciones que parezcan pequeñas e inofensivas. ¿Los principales culpables? Tus dispositivos electrónicos. Ignóralos siempre que puedas. Puede que seas capaz de moderar su uso, pero la triste realidad es que tu teléfono y las apps que contiene han sido diseñadas con el propósito de llamar tu atención a toda costa. Vale la pena repetirlo: tu teléfono no comparte tus objetivos en términos de productividad. No le importa si cumples tus sueños o te sientes satisfecho a nivel personal; solo quiere que abandones la actividad que estés haciendo y lo revises cuando suene, y quiere asegurarse de que lo revises por el mayor tiempo posible.

También podrías instalar apps (sí, entiendo la ironía) para llevar un registro del uso que le das al dispositivo, borrar juegos, o bloquear ciertas páginas web durante las horas laborales. Podría ser muy provechoso el simple hecho de cancelar tu suscripción a listas de correo innecesarias para evitar que tu bandeja se llene, o reducir las notificaciones de manera que no siempre haya elementos nuevos que te llamen la atención cuando veas la pantalla.

Sin embargo, no solo son las pantallas brillantes las que reducen nuestra concentración. Puede que haya algo de verdad en la idea de que un área de trabajo desordenada es prueba de una mente desordenada, ¡así que organízala! Mantén un área de trabajo impecable, de manera que tu mirada no se desvíe hacia algún elemento que necesite ser limpiado o ajustado. Idealmente, las monotareas reducen tu entorno a una habitación en blanco, pues no deberías prestarle la más mínima atención.

Intenta prestar atención a esos momentos cuando sientes que estás siendo interrumpido o que estás alternando de forma sutil entre tareas. Al principio es difícil de percibir, y exigirá que tomes medidas conscientes contra tus instintos. Sin embargo, ya has ganado la mitad de la batalla.

Algo que será muy difícil de resistir es el impulso de hacerte creer que tienes que tomar medidas inmediatas en alguna otra cosa e interrumpir tu tarea actual. Esto casi nunca es verdad. Para vencer esta necesidad, ten a la mano varios pósits para anotar cualquiera de las ideas que inevitablemente tendrás en relación a otras tareas. Limítate a escribirlas rápidamente y regresa a tu objetivo principal. Puedes atender el otro asunto cuando haya terminado tu período de enfocarte en una única tarea, y así eliminas la posibilidad de olvidarlo. Esto mantendrá tu mente enfocada en una única tarea mientras sientas las bases para el éxito futuro.

Agrupar en lotes

Henry Ford, fundador de Ford Motor Company, tuvo muchos aciertos en el ámbito automovilístico.

En aquel entonces tenía algunos competidores, pero el principal motivo por el que sus nombres no han sobrevivido a la prueba del tiempo es porque Ford también fue el creador la *línea de ensamblaje*. En una línea de ensamblaje, los trabajadores se concentran en una tarea a la vez.

Esto optimiza el proceso y aumenta la eficiencia con creces en comparación a tener a un único trabajador encargándose de todo el proyecto de cabo a rabo, alternando entre varias tareas a la vez. También permite que los trabajadores se especialicen y perfeccionen la tarea, lo que reduce los errores y facilita el proceso de detectarlos. Los trabajadores no tenían que pensar más de lo necesario para la realización de la tarea en cuestión. Para Ford, esto hizo que la eficiencia y resultados de su producción automotriz se disparasen de forma exorbitante y dominasen el mercado.

Básicamente, eso es lo que *agrupar en lotes* puede ofrecerte.

Agrupar en lotes consiste en unir dos o más tareas similares para completarlas a la vez. Básicamente, la línea de ensamblaje de Ford giraba 100 % en torno a agrupar en lotes, pues sus trabajadores realizaban una única tarea de forma increíblemente eficiente.

Usemos un ejemplo común con el que todos podamos sentirnos identificados: revisar el correo electrónico.

Si tienes alguna clase de presencia o trabajo en línea, es probable que tengas un flujo constante de correos electrónicos que va llegando poco a poco (o a borbotones) a tu bandeja de entrada cada hora. Revisar el correo electrónico de forma constante resulta extremadamente ineficiente en términos de aprovechar el tiempo. Esto interrumpe otras tareas y disipa tu concentración cada vez que recibes un nuevo correo. Muchos abandonamos las actividades que estemos haciendo para atender algún asunto que nos notificaron por correo. Posteriormente, tenemos que reiniciar la tarea original porque perdimos el ritmo e impulso que teníamos. O peor aún: nuestra atención es desviada hacia otra actividad cuando recibimos otro correo "urgente".

Agrupar los correos en lotes mejorará tu productividad de forma considerable. Un buen ejemplo sería revisar tus correos cada dos horas e ignorar de forma deliberada o desactivar las notificaciones de tu bandeja de entrada. Puede que al principio sea difícil, pero limitar la frecuencia con la que revisas el correo electrónico te permitirá concentrarte en tus tareas sin sufrir distracciones constantes y tener que recuperar el ritmo. Puede que no lo parezca, pero en realidad pocos de nosotros recibimos correos que sean de vida o muerte y tengan que ser respondidos en menos de dos horas.

Puede que un beneficio aún más importante de este método sea aprender la lección de que negarnos a realizar ciertas actividades es igual de importante que aceptarlas. Agrupar en lotes te enseña el arte de ignorar con intención y premeditación, de manera que puedas concentrarte en otras tareas. Agrupar en lotes también te ayuda a tener una intención más consciente con las tareas que realizas a lo largo del día. Al restringir tus acciones de forma deliberada, podrías notar por primera vez la frecuencia con la que permites que tu atención se desvíe, pero también notarás que incluso cuando ignoras tales distracciones, no pierdes productividad alguna. Puede que incluso la aumentes.

Alternar entre una tarea y otra supone una enorme carga mental porque, básicamente, te estás deteniendo y comenzando de cero una y otra vez a lo largo del día. Pasar de una tarea a otra consume mucha energía, y generalmente pierdes unos minutos intentando orientarte y comprobar el estado de la actividad que habías abandonado. Por supuesto, este tipo de interrupciones no permiten que desarrolles todo tu potencial y cumplas con el objetivo establecido.

Siguiendo el ejemplo del correo electrónico, agrupar en lotes te permite mantener una mentalidad que facilite la lectura y redacción de dichos correos junto a todas las habilidades, tareas y recordatorios asociados a esta práctica. La mentalidad y perspectiva asociada al correo electrónico es muy distinta a la de diseñar una nueva imagen para una campaña publicitaria. Mantener una mentalidad constante produce muchos beneficios.

Agrupar en lotes te permite ahorrar tu energía mental para las tareas en sí y evitar desperdiciarla en el proceso de alternar entre ellas.

¿Qué otra cosa puedes agrupar en lotes? Puedes programar todas tus reuniones para una sola tarde, de manera que tengas toda la mañana libre para trabajar sin interrupciones. Puedes planificar hacer de una vez durante la mañana todas las actividades que requieran el uso de la computadora e incluso agrupar las tareas que exijan realizar llamadas telefónicas. Puedes preparar la comida para toda la semana, de manera que reduzcas el tiempo que pasas en la cocina para cada platillo, y tendrás relativamente menos platos que lavar. Puedes esperar a que se acumulen algunos trámites y atenderlos todos en un único viaje, ahorrando así tiempo y energía.

También puedes agrupar tus distracciones. Esto no significa distraerte y entretenerte de forma más eficiente; implica asegurarte de que conserves la energía y que te mantengas concentrado durante las horas en que deberías estarlo.

¿Cómo puedes agrupar las distracciones? Por ejemplo, si estás agotado de una tarea en específico, puede que quieras tomar un pequeño descanso para revisar las redes sociales. ¡Hazlo sin dudar! Sin embargo, dedica un poco más de tiempo para revisar *todas* tus cuentas: ESPN, Refinery29, y cualquier otra distracción que tengas. Sírvete otro café, da un paseo por la oficina, y saluda al vecino.

Haz todo lo que tenías en mente, de manera que cuando vuelvas a ponerte manos a la obra, puedas concentrarte de forma estable e ininterrumpida durante el tiempo establecido. Después de todo, si no hay nada nuevo en tu página de Facebook, es probable que sientas menos necesidad de revisarla. Una vez le des rienda suelta a todas esas actividades distractoras dentro del tiempo permitido, podrás dedicarte al trabajo productivo por el resto de la jornada.

Mientras más dividas tu atención entre actividades distintas, menor será tu productividad. Sin embargo, si comienzas a hacer algo similar a la actividad anterior, descubrirás que es mucho más sencillo dar el primer paso, porque tu mente ya está configurada para hacer un tipo de tarea en específico. Realiza todas las tareas similares a la vez, una tras otra, y luego avanza al próximo lote de actividades similares o relacionadas. Saber agrupar en lotes puede aumentar tu productividad en gran medida, independientemente del contexto. Además, ¡tiene el efecto secundario de hacer que tu vida parezca mucho más tranquila y organizada!

Lista de "antitareas"

Todos sabemos la importancia de una lista de tareas; no es de extrañar que te hayas topado en todos lados con consejos sobre usar dicho tipo de lista para aumentar la productividad. Sin embargo, *en cierta forma*, todos sabemos de forma inherente lo que deberíamos estar haciendo y cuándo deberíamos tenerlo listo. El acto de escribirlo solo nos ayuda a recordarlo, y aumenta las probabilidades de que cumplamos con nuestras obligaciones.

Sin embargo, no todos saben lo que *no deberían* hacer; lo que deberían evitar, las formas comunes de procrastinar y las distracciones que se camuflan como prioridades. Junto a tu lista de tareas, es igual de importante hacer una *lista de "antitareas"*. Todos los días enfrentamos el desafío de elegir las tareas que generarán el mayor impacto en nuestros planes, y hay muchos obstáculos ocultos. Cada vez que estableces una prioridad, consecuentemente estás identificando las tareas que resultan *menos* importantes (y que te desvían de tu objetivo principal).

Tal como se ha mencionado anteriormente, todos conocemos los males más comunes a evitar cuando intentamos aumentar la productividad: las redes sociales, perder el tiempo en internet, ver *The Bachelorette* en horario laboral y tocar la flauta durante la lectura.

Puede ser difícil distinguir entre tareas productivas y tareas improductivas, y esto exigirá un profundo análisis de tu parte. Tienes que llenar tu lista de antitareas con acciones que, de forma disimulada, consumirán tu tiempo y pondrán en riesgo tus objetivos. Se trata de tareas irrelevantes o que son un desperdicio de tiempo, que no le aportan nada a tu objetivo final, y que reducen tu rendimiento de forma dramática mientras más te dedicas a ellas.

Si sigues dedicando y malgastando tu tiempo en este tipo de tareas, harás a un lado las prioridades y objetivos que realmente te interesan. A continuación, te indico lo que deberías incluir en tu lista de *anti*tareas.

Primero, incluye tareas que sean prioridades pero que no puedas resolver en el acto por circunstancias externas.

Estas son tareas que resultan importantes de una o varias formas, pero que se encuentran a la espera de la aprobación de otra persona o de que primero se completen tareas asociadas. Agrégalas a tu lista de antitareas porque, literalmente, ¡no puedes hacer nada al respecto!

No gastes tu energía mental pensando en ellas. Seguirán estando ahí cuando obtengas respuesta de la otra persona. Limítate a tomar nota de que estás esperando respuesta y de la fecha en que deberás tomar medidas si no la has recibido.

Posteriormente, desecha la idea, pues ahora es responsabilidad de otra persona, no tuya. Además, puedes librarte temporalmente de una obligación al solicitar más detalles y hacerle preguntas a la otra persona. Esto hace que sea su turno de actuar, y puedes emplear dicho tiempo para ponerte al día con otros asuntos.

Segundo, incluye tareas que no aporten valor a tus proyectos. Estas tareas pueden ser un poco difíciles de identificar.

Hay muchos elementos pequeños que no aportan nada a tu objetivo final, y muchas veces son trivialidades (trabajo improductivo). ¿Puedes delegarlas, asignarlas a otra persona o incluso subcontratar a alguien para que se encargue de ellas? ¿Realmente exigen de tu tiempo? En otras palabras, ¿*merecen* tu tiempo? Además de ti, ¿alguien notará la diferencia si le delegas la tarea a otra persona? Al encargarte personalmente de la tarea, ¿estás cayendo en el perfeccionismo? Deberías emplear tu tiempo en tareas importantes que supongan un avance en todo el proyecto y no solo en tareas triviales y cortoplacistas. Muchas veces no son más que tareas irrelevantes que se hacen pasar por importantes, tales como elegir el color de la pintura del cobertizo para las bicis en el estacionamiento de la planta nuclear que estás construyendo.

Una excelente técnica para reducir el trabajo improductivo es prestar mucha atención al flujo de tareas necesarias para cumplir un objetivo. Muchas personas tienen éxito mediante una variación de la "regla de los 5 minutos". Básicamente, si una tarea importante puede hacerse en menos de 5 minutos, pues hazla de inmediato y pasa a la siguiente. Lo que te interesa *evitar* es pasar 15 minutos intentando procesar y organizar dicha tarea de 5 minutos (sin siquiera completarla).

Por ejemplo, si abres tu correo electrónico y ves algunas facturas que necesitan respuesta, atiéndelas de inmediato. Evita leer la factura mil veces, anotar, usar tu complicadísimo sistema de archivo para guardarla y asignar una serie de tareas para la lista de mañana. Limítate a cumplir tu deber y pasa a la siguiente tarea.

Tercero, incluye tareas que estén en curso pero que no se beneficiarán al dedicarles más esfuerzo y atención. Dichas tareas pueden ser muy engañosas si no te tomas el tiempo de examinarlas a conciencia. En ocasiones, resulta físicamente posible trabajar en un proyecto, pero sin obtener ningún beneficio realista del mismo.

Dichas tareas reducen nuestro rendimiento. No son más que una pérdida de energía porque a pesar de tener cierto beneficio (¿y acaso existe algo que no lo tenga?), este no marcará la diferencia en el resultado o éxito en general, o puede que exija una cantidad desproporcionada de tiempo y esfuerzo sin marcar una diferencia notoria.

Para efectos prácticos, estas tareas deberían considerarse *terminadas*. No gastes tu tiempo en ellas, y no caigas en la trampa de considerarlas una prioridad. En cuanto termines con todo lo demás que tienes entre manos, puedes proceder a evaluar cuánto tiempo quieres dedicarle a perfeccionar algún aspecto.

Si la tarea ya tiene el 90 % de la calidad que buscabas, es hora de ver qué otra tarea necesita tu atención para llevarla de 0 % a 90 %. En otras palabras, resulta mucho más útil tener tres tareas completadas con un 80 % de calidad que una con 100 %. Sin embargo, sí que se requiere de un esfuerzo deliberado para deshacerse del "perfeccionismo" y entender que no todo el esfuerzo produce el mismo resultado. Puede resultar tentador volver a una tarea familiar y dedicarse a ella, pero lo que resulta psicológicamente satisfactorio podría resultar ineficiente. Necesitamos tener la valentía para aceptar que algo está lo "suficientemente bien" y abordar otros proyectos importantes, en lugar de obsesionarnos con perfeccionar algún proyecto de nuestra preferencia.

Cuando evitas a conciencia los elementos de tu lista de antitareas, te mantienes enfocado y eficiente. No desperdicias tiempo o energía, y tu nivel de producción diaria aumentará con creces. En lugar de que tu atención quede a merced de cualquier distracción adyacente, *tú* estás en control de hacia dónde la diriges. Tomas una decisión deliberada de en qué concentrarte y cómo usar dicha concentración.

¿Por qué leer un menú con platillos que no están disponibles? ¿Por qué hacer un plan para un evento del que no estás seguro que vaya a ocurrir? ¿Por qué emplear tanto tiempo pensando en cómo *debieron* haber ocurrido las cosas? No tiene sentido y agota tu energía mental. Al prevenir que tu energía se disipe ante aquellas cosas que consumen tu tiempo y atención, una lista de antitareas te permite concentrarte en lo que más importa.

Esto puede tener un impacto muy drástico y positivo en tu rutina diaria. Mientras menos cosas tengas rondando en la cabeza, mejor para ti (el tipo de estrés y ansiedad que esta actitud genera no hace más que entorpecer o acabar con la productividad). Una lista de antitareas liberará tu mente de la carga de tener demasiadas cosas entre manos, ¡pues eliminará dichas cosas! Puedes concentrarte en lo que aún sigue en juego y mantenerte constante en la culminación de cada tarea.

La regla del 40-70

Muchos nos negamos a salir de nuestra zona de confort a menos que contemos con toda la información que necesitamos. Sin embargo, ¿es posible que tengas *demasiada* información para iniciar una empresa?

El antiguo Secretario de Estado estadounidense, Colin Powell, tiene una regla de oro para tomar decisiones y pasar a la acción. Señala que cada vez que te enfrentes a una decisión difícil, deberías tener no menos del 40 % y no más del 70 % de la información que necesitas para tomar dicha decisión. Dentro de ese margen, tienes suficiente información para tomar una decisión fundamentada, pero no tanta como para perder la determinación y limitarte a mantenerte informado de la situación.

Si tienes menos del 40 % de la información necesaria, básicamente estás actuando sin pensar. No tienes suficiente conocimiento para avanzar y probablemente cometerás muchos errores. Por otro lado, si recolectas más información hasta alcanzar más del 70 % de lo que necesitas (y es poco probable que realmente necesites algo por encima de dicho nivel), podrías sentirte abrumado e inseguro. Puede que hayas perdido la oportunidad y otro te haya ganado al haber comenzado antes que tú.

Sin embargo, en ese punto ideal entre 40 % y 70 %, tendrás suficiente información para avanzar y dejar que sean tus intuiciones las que guíen tus decisiones. En el contexto de Colin Powell, es así como se reconoce a un buen líder: aquel con un instinto que lo oriente en la dirección correcta llevará a su organización al éxito.

Con el propósito de salir de la zona de confort, podemos reemplazar la palabra "información" con otros incentivos: 40-70 % de experiencia, 40-70 % de lectura o aprendizaje, 40-70 % de confianza o 40-70 % de planificación. Mientras completamos una tarea, también realizaremos un análisis y un plan sobre la marcha, así que este rango de certeza nos ayuda a que nos inclinemos por la toma de acciones.

Cuando intentas alcanzar más del 70 % en información (o confianza, experiencia, etc.), tu falta de premura puede traer muchas consecuencias negativas. También puede detener tu impulso o menoscabar tu interés, implicando que efectivamente nada ocurrirá. Existe una gran posibilidad de no obtener beneficio alguno al superar dicho umbral.

Por ejemplo, digamos que abrirás una coctelería, lo que involucra comprar todo tipo de licor. No puedes esperar tener todo el licor del mundo para el día de la inauguración. Sin embargo, por otro lado, no tiene sentido comenzar a trabajar si no se cuenta con suficiente variedad para los clientes.

Por lo tanto, te resultaría conveniente esperar a tener al menos un 40 % del inventario disponible. Ya has ganado algo de impulso. Se te ocurre que si logras obtener más de la mitad de lo que necesitas, estarás en buenas condiciones para la inauguración. Puede que no seas capaz de preparar todos y cada uno de los cócteles en la guía del barman, pero tendrás lo suficiente para preparas los cócteles básicos más un par de variaciones. Si tienes entre 50 y 60 % del inventario, probablemente estés listo. Cuando llegue el resto del inventario, ya estarás activo y te limitarás a incorporarlo en el menú. Si esperas a tener el 70 % o más del inventario, podrías quedarte atascado por más tiempo del que querías.

Esta manera de pensar induce más a la acción que lo que la detiene. Esperar a tener el 40% de lo que necesitas para entrar en acción no es un acto sedentario dentro de la zona de confort, pues estás planificando activamente lo que necesitas hacer para dar el primer paso, lo cual resulta perfectamente aceptable (siempre y cuando no sea una planificación excesiva). Realizar la ejecución antes de estar al 100 % (o incluso a medias) es la clase de acción osada que te hace salir con premura de la apatía que produce tu zona de confort.

Otro excelente efecto secundario es que, cuando te atreves a entrar al cuadrilátero, aprendes a un ritmo mucho mayor que si te hubieses limitado a sentarte en las gradas hasta que te sintieses lo suficientemente seguro. Esto significa que aprovecharás más oportunidades conforme se presentan, y pasas más tiempo involucrado en un *aprendizaje concreto* y menos tiempo haciendo teorías. Muchas personas pierden tiempo pensando en todos los resultados posibles de una acción en particular, pero mientras lo hacen, alguien más se está adelantando y *llevándola a cabo*, dándole una solución definitiva al asunto. Mientras la primera persona ni siquiera ha empezado, la segunda ahora tiene ventaja, y se prepara para el siguiente desafío.

Algunas personas son capaces de planificar, ejecutar, fracasar y desarrollar un plan incluso mejor en el mismo margen de tiempo que a otro apenas le alcanza para formarse una idea imprecisa del plan a seguir. Son el tipo personas que, en cuanto se atreven a dar el paso, se reprochan a sí mismos y dicen: "¡Mi único error fue no haberlo hecho antes!"

Inacción

El agotamiento es un riesgo muy latente, sobre todo en la era moderna donde, en miras al éxito, todo el mundo parece tener un trabajo a tiempo completo y una profesión complementaria que está más centrada en generar ingresos. Buscamos atiborrar nuestra agenda intencionalmente con actividades, tanto sociales como profesionales, en un intento de agotar hasta la última gota de alegría en nuestras vidas.

Irónicamente, esto no tarda en volverse contraproducente, pues muy pocas personas tienen la energía para soportar semejantes jornadas. En cuanto al efecto que tiene en el cerebro, el menor signo de agotamiento será suficiente para afectar nuestra capacidad de razonamiento. No debemos permitir que nuestro estilo de vida nos afecte en esta área. Tenemos un mejor desempeño cuando dormimos ocho horas en lugar de tres.

Sin embargo, lo que resulta menos obvio es que desconectarse del entorno y no mover un solo dedo puede generar un nivel de comprensión y creatividad mucho más profundo. Cuando nos quedamos en las nubes mientras nos bañamos o hacemos ejercicio, tenemos la impresión de que comenzamos a tener una cantidad desmedida de epifanías, y este fenómeno tiene una explicación. Por naturaleza, el pensamiento genera fatiga, hace mella en la mente, y se caracteriza por la emisión de ondas beta en el cerebro. La relajación y la falta de atención, por el contrario, se caracterizan por la emisión de ondas alfa.

¿A qué se relacionan las ondas alfa? Estudios realizados por el profesor Flavio Frohlich, entre otros, han demostrado que las ondas alfa se encuentran relacionadas a la optimización de la memoria, al pensamiento creativo y a un mayor grado de satisfacción en todas las áreas de la vida.

Puede que haya un motivo por el que la sociedad moderna promueve tanto el uso de la meditación y la atención plena. Dichas prácticas te hacen bajar el ritmo y entrar en un estado donde liberas ondas alfa, las cuales aumentan los niveles de felicidad y satisfacción personal. Muchas de las personas más eficientes del mundo, como los directores ejecutivos de algunas empresas, afirman que la meditación forma parte fundamental de su rutina diaria (y probablemente este sea el motivo). La capacidad de desconectarse del mundo les permite liberar todo su potencial cuando el momento lo amerita, como si de recargar una batería se tratase.

Para las personas exitosas, dicha práctica es más que un simple descanso para liberar ondas alfa. No debe ser visto como tal; considéralo como un proceso de recuperación, de manera que estés listo cuando sea necesario usar tu creatividad al máximo.

Por instinto, sabemos cómo dormir, estirarnos y calentar nuestro cuerpo antes de una competencia deportiva, pero olvidamos hacer lo mismo con nuestra mente. Cuando alcanzas un nivel de relajación más profundo y evitas el más mínimo movimiento, entras en un estado que permite que tu mente divague, volviendo a la acción de forma recargada y revitalizada.

Bríndate la oportunidad de soñar despierto, pues ¿cuándo fue la última vez que tus fantasías fueron aburridas y rutinarias en lugar de creativas y estrafalarias? Si necesitas un descanso, resiste la tentación de tomar el teléfono y revisar las redes sociales. Asegúrate de dejar un espacio "vacío" en tu agenda para permitirle a tu cerebro que se relaje, recupere y puede que incluso comience a asimilar toda la información sensorial que le proporcionas día tras día. Relajarte no tiene que ser un procedimiento complicado. Limítate a hacer una pausa de tus actividades y brindarte la oportunidad de recobrar el aliento, adoptar una actitud introspectiva y obtener paz interior. ¡Puede que ver hacia la nada sea una forma más productiva de aprovechar el tiempo!

Moralejas:

- Reduce las distracciones en tu entorno. En este contexto, la popular frase "ojos que no ven, corazón que no siente" aplica a la perfección, así que mantén tu área de trabajo libre de elementos distractores, pues de lo contrario tu motivación irá mermando poco a poco.
- Establece la mayor cantidad de acciones predeterminadas que puedas. Aquí es

donde querrás optar por el camino que requiera menos esfuerzo. Esto también puede lograrse al organizar y diseñar un entorno que favorezca la productividad.
- Las monotareas son un concepto importante porque exponen con claridad los defectos de las multitareas. Cuando alternas entre dos o más actividades, creas un residuo de atención. Esto significa que te llevará tiempo ajustarte a cada una de las tareas que abordes, incluso si ya estabas familiarizado con ellas. Puedes eliminar dicho efecto al concentrarte en una sola tarea, y también agrupándolas en lotes, lo que consiste en realizar todas las tareas similares a la vez para sacarle el mayor provecho a tu eficiencia mental.
- Una lista de "antitareas" puede ser tan efectiva como una lista normal, pues pocas veces se nos indica lo que debemos evitar. Como resultado, las distracciones o actividades improductivas pueden invadir la jornada sin que nos percatemos. Dicha lista también debe incluir las tareas que no

puedas desarrollar, completar o resolver.
- La regla del 40-70 consiste en romper la inercia mediante la cantidad de información que buscas. Si tienes menos del 40 %, no entres en acción. Sin embargo, si tienes el 70 %, debes hacerlo. Nunca tendrás el 100 %, y lo más probable es que el 70 % sea más que suficiente. En cualquier caso, el resto puedes aprenderlo sobre la marcha.
- Por último, puede que de vez en cuando te convenga no hacer nada. Esto gira en torno al descanso y a la relajación (pero deberías verlo como recuperación mental). ¿Qué hace un deportista entre carreras o partidos? Así es: se recupera, de manera que esté en condiciones óptimas cuando llegue el momento de pasar a la acción.

Capítulo 7: Errores mortales

En la ciencia de la perseverancia, existe un sinfín de errores que podrían echar por tierra tu progreso.

Préstale atención al ejemplo de Michael. Michael es humano. Por lo tanto, cometió algunos errores a la hora de perseverar cuando abrió una consultora independiente en casa. Creía que comenzar su negocio cambiaría su vida de la noche a la mañana. Imaginó que ganaría mucho dinero y trabajaría poco, teniendo suficiente tiempo para jugar con su hija recién nacida e incluso para ir al gimnasio y desarrollar la musculatura de Arnold. Imaginó que no tener jefe le daría mucho tiempo libre.

Transcurrieron las semanas y no hizo nada de lo anterior. De hecho, sus expectativas eran tan altas que resultaban intimidantes y desalentadoras.

Este es un fenómeno conocido como *síndrome de las falsas esperanzas*. Michael pensó que lograría más de lo que era humanamente posible. Su otro error fue no tener suficiente conocimiento propio o no saber cómo maximizar su eficiencia. Intentó imponerse un horario poco realista que sencillamente resultaba incompatible con su ritmo circadiano y sus preferencias laborales.

El síndrome de las falsas esperanzas se manifiesta cuando crees poder cumplir con todo lo que está en tu lista y alcanzar tus sueños en un santiamén. Te prometes a ti mismo, o a un cliente, que bajarás la luna. Crees que no necesitas más que confianza para avanzar a pasos agigantados. Posteriormente, cuando no logras cumplir lo prometido, te embarga la frustración, y tus grandes expectativas no hacen más que menoscabar tu espíritu laboral. Dichas expectativas te harán temblar ante el tipo de fracaso que acabas de experimentar, y podrías terminar en un estado incluso peor al original.

Michael estaba muy decepcionado al no percibir los grandes cambios que esperaba cuando inició el negocio. Su vida no cambió mágicamente de la noche a la mañana. No tenía la energía para realizar todos los cambios que estaba planeando. Además, odiaba trabajar porque se estaba ciñendo al horario equivocado. Comenzó a retrasarse en el trabajo y a procrastinar para evitar las tareas que odiaba. Intentó trabajar en la mañana a fuerza de café y descubrió que su productividad era prácticamente nula.

Después de un tiempo, Michael decidió analizar sus acciones y por qué estaba fallando. Ajustó su horario para que se adecuase a su estilo de vida y dejó de trabajar tan temprano tras desvelarse con su hija, quien aún no había desarrollado un ciclo de sueño normal. Encontró la manera de concentrarse en unos pocos objetivos a la vez y sacar tiempo para sus metas personales en la medida de lo posible.

De pronto, Michael se sintió mejor y comenzó a ser más eficiente en el trabajo. La vida se volvió mucho más sencilla desde que se ajustó a una rutina más cómoda y realista. Ya no se sentía tan abrumado y decepcionado, así que dejó de despreciar y aplazar el trabajo por motivos de aversión o intimidación. Y, por supuesto, el ingrediente secreto también era el *tiempo*. Michael fue capaz de darse cuenta de que sus expectativas no eran realistas, y que cuando se concentraba en cambios pequeños y graduales, todo comenzaba a fluir poco a poco.

Al igual que Michael, todos cometemos errores. Sin embargo, aprender qué errores debemos evitar te brinda una ventaja ante la competencia. Tu disciplina o motivación se mantendrá intacta si evitas los siguientes errores más comunes.

El síndrome de las falsas esperanzas

El síndrome de las falsas esperanzas, lo que Michael sufría, se manifiesta cuando sobrestimas los cambios que puedes lograr. Te creas expectativas poco realistas en cuanto a lo que puedes lograr y a la velocidad, cantidad y facilidad de los cambios que planeas realizar en tu vida. En un plano más profundo, podrías asumir que algunos cambios o logros tendrán un mayor impacto en tu felicidad del que realmente podrían tener. Por ejemplo, imaginas que en cuanto te gradúes o saldes una cuantiosa deuda, la vida será color de rosa y el resto de problemas desaparecerán por arte de magia.

Cuando no logras generar todos los cambios deseados, o el impacto no es el que habías imaginado, la decepción producida por fracasar en el intento de alcanzar tus nobles metas puede hacerte perder la esperanza. De algún modo, el problema parece más grande que nunca, y de pronto parece que jamás tuviste la oportunidad de alcanzar el objetivo.

Incluso si tienes una disciplina muy estricta y un deseo intenso de cambiar, seguirás fallando si tus expectativas son demasiado altas. Establece expectativas realistas y determina lo que realmente puedes lograr. Aprende a descartar las expectativas poco realistas y a concentrarte en aquellas que sí puedas cumplir o alcanzar.

Un buen ejemplo para ilustrar la situación es pensar que lograrás cambiar tus hábitos laborales por arte de magia, a pesar de que has intentando los mismos métodos en el pasado y no has tenido suerte. Por ejemplo, esperas ser más productivo a pesar de las distracciones y las multitareas a las que te encuentras expuesto, a pesar de que esto nunca ha funcionado. Adoptar otro enfoque y descartar la idea de que puedes cambiar de forma radical sin ayuda resulta fundamental para alcanzar el éxito, pues evita que adoptes viejos hábitos y termines decepcionándote a ti mismo.

Las falsas esperanzas giran en torno a controlar tus expectativas. Cuando tienes expectativas realistas, puedes obtener resultados concretos, lo cual genera confianza, aptitud y habilidad. Cualquier otra cosa sería exponerte a la decepción y al fracaso, lo cual suele ser improductivo. No apuntes demasiado alto, pero tampoco demasiado bajo; de lo contrario, terminarás aburrido e indiferente. Tan solo recuerda que tus objetivos pueden diferir de tus expectativas.

Pensar de más

Otro error es *pensar de más*. El acto de pensar de más es un asesino silencioso de la felicidad, la esperanza y el buen juicio. Acaba con nuestros pensamientos positivos y con el deseo de perseverar. Pensar de más hace que te enfoques en los aspectos negativos, pues son muy fáciles de encontrar, y tu visión del mundo no tarda en volverse sombría.

Pensar de más resulta tentador porque simula progreso. Después de todo, estás pensando en asuntos laborales y en investigar para tomar la mejor decisión en dicho ámbito. Crees que estás siendo proactivo. Pero, en realidad, pensar de más está obstaculizando tu progreso sin que te percates de ello, lo cual representa otro caso típico de acción improductiva versus acción concreta.

Con frecuencia, el acto de pensar de más va de la mano con el perfeccionismo. Estás considerando demasiadas opciones e investigando en exceso, lo cual limita tu capacidad de tomar decisiones ejecutivas. Debido a que estás tan obsesionado con el resultado ideal, y que no puedes dejar de pensar en todas las demás posibilidades menos favorables, nunca das el primer paso. Desperdicias tiempo investigando y planificando para cosas que realmente no importan, en lugar de dar el primer paso y romper la inercia.

Al pensar de más, bloqueas la capacidad de tomar decisiones. El psicólogo Barry Schwartz sugiere que la *paradoja de la elección* resulta perjudicial porque produce una parálisis del análisis. Sus estudios revelan que contar con demasiadas opciones produce ansiedad y evita tomar decisiones a la larga. Tener menos opciones ayuda a las personas a limitar las posibilidades.

Imagina que vas a Walmart y tienes que comprar una impresora nueva para la oficina. Una vez en la sección de impresoras, cada una con excelente publicidad que hace alarde de sus numerosas características, te sientes abrumado e incapaz de decidirte por una de ellas. Entras en pánico y compras la primera que ves (o te vas a casa con las manos vacías, a pesar de lo mucho que necesitabas la impresora).

Desperdiciaste mucho tiempo pensando cuál era la impresora correcta, y al final ni siquiera usaste la información que habías obtenido debido a lo abrumado que te sentías. Te resulta imposible decidir porque tienes demasiada información, lo cual satura tu cerebro en el proceso. Este es un perfecto ejemplo de cómo el acto de pensar demasiado puede acabar con tu capacidad de perseverar y pasar a la acción. Incluso peor, podrías llegar a casa con una impresora perfectamente funcional pero seguir con la sensación de que pudiste haber comprado una mejor. En otras palabras, incluso cuando haces una buena elección, tener demasiadas opciones puede seguir siendo un obstáculo.

Por lo tanto, en lugar de pensar de más, concéntrate en la acción. La mayoría de acciones son reversibles; Walmart acepta devoluciones sin problemas. Sin embargo, no obtendrás información nueva si no realizas acción alguna.

También puedes limitar las opciones y los criterios por los que te riges. Concéntrate en las cosas que más necesitas, y busca la opción que mejor se ajuste a tus necesidades. No te enfrasques en una búsqueda obsesiva en Google o en realizar una comparación entre miles de marcas para encontrar la mejor. Lo más probable es que el 90 % de ellas tengan exactamente las mismas funciones que necesitas, con diferencias mínimas entre sí. En tal caso, ¿qué es lo que tanto piensas?

Si te asignan la tarea de comprar una nueva impresora para la oficina, determina cuáles son los tres atributos que la oficina necesita de dicha impresora. Posteriormente, dirígete a Walmart y compra la más económica que cumpla con todas las necesidades mencionadas. Hazte el ciego, de manera que ignores todo lo demás. Este es un ejemplo clásico de limitar la información y aplicar la ignorancia voluntaria. El acto de pensar de más se manifiesta porque no tenemos claro qué es lo más importante, así que cuando logras determinar qué es, las elecciones se volverán claras como el agua.

Preocupación

La preocupación se encuentra íntimamente relacionada a pensar de más, y es el tercer error más grave que puedes cometer al perseverar.

La preocupación es cuando pensamos demasiado en un problema, bien sea real o imaginario. Esto hace que dejes de vivir el presente, sobre el que sí tienes control, y te mantiene prisionero del pasado o del futuro, de los cuales no tienes control alguno. La preocupación no es el tipo de ansiedad productiva que puede ayudarnos a anticipar los posibles acontecimientos. En lugar de ello, es un tipo de respuesta emocional, pasiva e imprecisa que nos resta poder y eficiencia.

La preocupación te arrebata el control y la compostura, pero pasar a la acción y concentrarte en el presente te da el poder de hacer cambios en tu situación actual. Intenta adoptar una mentalidad enfocada en acciones y soluciones en lugar de problemas y errores. Además, la preocupación hace que te enfoques en cosas que ni siquiera podrían ser reales y que no puedes cambiar, y les dedicas una cantidad de tiempo y energía que podrías destinar a algo más productivo.

Es difícil decirle a alguien que no se preocupe tanto. Pero la verdad es que preocuparse hace que sufras el doble: primero durante la etapa de preocupación y luego si realmente llega a ocurrir lo que temías. Además, si no lo hace, habrás sufrido sin motivo alguno. Si vives en una suposición constante, ¡puede que lo que necesites sean acciones concretas que te ayuden a descubrir la verdad! Toma una decisión, recolecta información concreta, o reflexiona más a fondo sobre tus temores. En ocasiones, *cualquier* acción puede aliviar la ansiedad porque te devuelve el control de la situación y limita tu perspectiva a un objetivo más realista, haciéndote sentir más cómodo.

La preocupación también puede disfrazarse de productividad, pero, tal como ocurre con elementos anteriores, no es más que acción improductiva. Es una enorme cantidad de energía que se desperdicia sin razón alguna. Concéntrate en lo que está en tus manos y tiene solución. Concéntrate en lo que es real y palpable, no en resultados imaginarios o escenarios que podrían no llegar a ocurrir jamás. Toma todas las medidas que puedas en el presente, pues es lo único que puedes controlar; en el proceso, mantén una mentalidad que esté orientada a la acción y al control, y no al miedo.

Conócete a ti mismo

El último error fatal de muchas personas es fracasar en conocerse a sí mismos. Conocerte a ti mismo te permite determinar cómo trabajar de forma más eficiente y crear el entorno laboral más beneficioso para ti.

No todas las personas trabajan de la misma forma. Puede que un hombre prefiera tener un horario detallado para todo el día, mientras que otro necesita más espontaneidad y tiempo para descansar. Puede que una mujer necesite un entorno tranquilo, mientras otra necesita amigos y un ambiente laboral más sociable en el que pueda crecer como persona.

Tal como lo descubrió Michael, si te impones horarios, ideales o ambientes poco realistas o inadecuados, tus probabilidades de éxito serán mucho menores. Descubre lo que resulta más eficiente para ti e impleméntalo para garantizar tu progreso. Solo puedes trabajar de la forma más eficiente si estás en tu ambiente ideal. Descubre cuál es ese ambiente, en vez de ajustarte a uno que resulte inapropiado y que más bien te cause desdicha e improductividad.

Cuando aprovechas tus preferencias y fortalezas, tienes más probabilidades de perseverar. Esto se debe a que te estás brindando las mejores condiciones laborales, lo que te termite desempeñarte de la forma más eficiente. No estás luchando contra ti mismo; de hecho, estás permitiendo que el trabajo fluya con naturalidad y aprovechando tus fortalezas. No te sentirás desdichado siguiendo la fórmula del éxito que alguien más inventó.

Esto se relaciona de forma muy estrecha con tener expectativas apropiadas. Sin embargo, en este caso, las expectativas a las que nos referimos no giran en torno a la tarea en cuestión, sino a nosotros mismos. En ocasiones, tenemos una visión del éxito que, a decir verdad, es un poco imprecisa. Realizamos conjeturas sobre lo que nos gustaría, por qué nos gustaría, y cómo actuaríamos en tal caso. Sin embargo, cuando llega el momento de la verdad, puede que nos sorprenda un poco descubrir lo poco que nos conocemos. Por ejemplo, puede que notemos que cierto aspecto de nuestro nuevo empleo no nos agrada tanto como creímos que lo haría. Esto no es un fracaso como tal, sino un malentendido; no logras reconocer tu individualidad y cómo avanzar hacia el objetivo sin dejar de respetarla.

Deja de juzgarte a ti mismo y a los demás por ser diferentes. Todos lo somos. Nuestra productividad es algo muy frágil, y necesita de mucho cuidado para prosperar. Si quieres perseverar, rodéate de aquello que aporte algo positivo a tu desarrollo personal. A tal fin, necesitas prestar atención deliberada (y libre de críticas) a tu progreso como tal. Tienes que ser honesto sobre los métodos que funcionan y los que no.

Determina cuáles son las horas donde exhibes mayor eficiencia durante el día. Posteriormente, trabaja durante dichas horas. No permitas que otros te juzguen por no comenzar a trabajar antes de las 8:00 a.m. o por trabajar hasta altas horas de la noche. Trabajar en tu horario ideal te permitirá ser más productivo y perseverar con mayor facilidad, porque estarás usando tu energía en pleno auge. No trates de trabajar desde temprano si no eres una persona madrugadora, pues esto no hará más que llevarte al fracaso.

Existe otro componente para llegar a conocerte a ti mismo: diagnosticar por qué estás fallando y solucionar el problema subyacente. Esta acción consiste en diagnosticar la causa y la fuente de tu falta de perseverancia, de manera que puedas abordarla con premura. Solo cuando determines la causa de tu poca perseverancia podrás tomar cartas en el asunto.

No cometas el típico error de atribuir el fracaso al motivo equivocado, o nunca serás capaz de abordar y corregir el problema. Esto puede resultar complicado, pues muchas personas querrán aconsejarte o diagnosticar el problema por ti. Todo el mundo tendrá una teoría, pero no llegarás a ningún lado si te limitas a escuchar a todos los gurúes y expertos que te rodean, pues aunque tienen buena intención, primero tienes que decidir si su teoría tiene sentido para *ti*.

Si tienes problemas para perseverar, conviértete en Sherlock Holmes. Mediante el poder de la deducción, descubre cuál es el problema y por qué no estás siendo productivo. Puede que estés leyendo un libro sobre cómo aprovechar el tiempo cuando deberías estar siguiendo un cronograma y no desperdiciando el tiempo en libros. Puede que estés tratando de organizar y etiquetar todo lo que hay en la oficina, cuando en realidad hay demasiadas cosas en ella y deberías deshacerte de algunas. Puede que estés desmotivado, así que te limitas a procrastinar y, por consiguiente, sigues fracasando y preguntándote por qué te sientes cada vez más desmotivado.

Reflexiona sobre cómo te sientes cuando no perseveras. Analiza tus sentimientos durante las etapas iniciales del proyecto y determina si te sientes abrumado o aplazas las cosas por más tiempo del razonable. ¿Cuál es la razón *específica* que te lleva a rendirte? Cuando descubres el motivo, puedes buscar la forma de aplicar una de las reglas o mentalidades de este libro para corregir el problema.

No tengas miedo de descubrir que algún método no funciona. Si te emocionaba mucho la idea de probar un nuevo horario de sueño o te inscribiste en un curso nuevo que creías necesitar, puede que te sientas decepcionado o avergonzado cuando tras un par de semanas o meses descubras que no funciona. Observa tus resultados de forma serena y neutral, realiza una "autopsia" para descubrir qué ocurrió y por qué, y luego permítete aplicar un mejor método si es necesario. Y no te lo recrimines; ¿de qué otra forma ibas a descubrir que este era el camino correcto a seguir?

El fracaso ocurre, y siempre lo hará. No es el fin del mundo. Y definitivamente no es el fin de la productividad. Sin embargo, el fracaso solo sirve cuando conocemos la causa. Cuando la identificamos, podemos determinar cómo solucionarla y evitar reincidir en el mismo error. Cuando no lo hacemos, nos vemos forzados a repetir nuestros errores hasta que finalmente descubramos cuál es el verdadero problema. Evita perder el tiempo y diagnostica las causas del fracaso lo más pronto que puedas. Aprovecha la situación con proactividad y no será un fracaso; será parte de tu aprendizaje.

Moralejas:

- ¿Cuáles son los errores que nos impiden perseverar y terminar lo que empezamos? Son demasiados para mencionarlos aquí. Sin embargo, en este capítulo se muestran algunos de los más graves y peligrosos.
- El síndrome de las falsas esperanzas es cuando esperas cambiar o mejorar tu vida en una medida poco realista. El perfeccionismo es tentador porque creemos que nos ayudará a tener *más* logros, ¡y no es así! Cuando no logras cumplir tus expectativas (lo que resulta inevitable), se genera una reacción negativa que reduce tu motivación y disciplina a niveles incluso inferiores a los que tenías al inicio del proyecto. Para superar este obstáculo, establece

expectativas razonables con base en tu experiencia previa y entiende la diferencia entre objetivos y expectativas.
- Pensar de más puede ser engañoso, pues parece que promoviese la acción e incluso se siente productivo. Pero no lo es. Pensar de más es cuando te obsesionas y te sientes incapaz de dar el primer paso a la acción. Concéntrate en lo que importa e ignora a conciencia todo lo demás, y te sentirás mucho más enfocado. Además, entiende que la acción siempre vale más que una mera conjetura (incluso si fracasas).
- La preocupación consiste en obsesionarse con un tema y, consecuentemente, comenzar a imaginar cualquier obstáculo y escenario negativo. Sin embargo, la preocupación también gira en torno a obsesionarse con algo que no puedes controlar, mientras ignoras lo que sí: el presente. La solución es concentrarse en lo que se puede hacer aquí y ahora.
- ¿Te conoces a fondo? ¿Y qué tal en términos de productividad y de los métodos de trabajo más eficientes para

ti? Puedes tomar en cuenta la hora del día, el ambiente, el contexto, etcétera. Sin embargo, deberías considerar que conocerte a ti mismo también implica la capacidad de analizarte y entender la posible razón detrás tu fracaso o de no haber cumplido las expectativas. Presta atención a los consejos de los demás, pero recuerda que eres una persona única y que lo que funciona *para ti*, no tiene por qué funcionar para los demás.

Capítulo 8: Sistemas diarios para alcanzar el éxito

Ned inició su propia consultora de software. Le emocionaba la idea de ser su propio jefe, y no anticipó que tendría problemas para atender a los clientes, responder correos electrónicos, atraer nueva clientela, enviar facturas, realizar el proceso de consultoría, ¡y mucho más!

Al principio, el negocio de Ned marchaba a la perfección. Se despertaba temprano, respondía correos electrónicos y enviaba boletines para atraer nuevos clientes. Posteriormente, asistía a su trabajo normal. Cuando tenía tiempo libre, respondía correos electrónicos. Seguía trabajando hasta altas horas de la noche, intentando promocionar su negocio mientras trabajaba en sus distintos proyectos.

Sin embargo, en cuanto su negocio prosperó, ¡su bandeja de entrada se inundó de mensajes! Su lista de proyectos crecía cada vez más. De pronto, se sintió completamente abrumado. Trabajando al menos 12 horas diarias, le costaba mantenerse al día con los correos electrónicos, responder a los clientes, enviar facturas a tiempo, y cumplir con las fechas de entrega. Sentía que se ahogaba. ¡Los furiosos clientes le acosaban, exigiendo saber dónde estaba su trabajo!

Ver su escritorio hubiese hecho llorar a Martha Stewart. Ned podía pasarse 15 minutos buscando un documento o nota importante sobre algún proyecto. Su estudio era un desastre. La habitación, que originalmente había pintado y decorado con alegría, se había convertido en una prisión, donde pasaba gran parte del día.

El propio Ned lucía aún peor. Parecía un zombi y sobrevivía a base de café y comida rápida. Su rostro exhibía grandes ojeras.

Fue entonces cuando se percató de que estaba perdiendo clientes y dinero. Su página web y su perfil como trabajador independiente comenzaron a llenarse de reseñas negativas. Todo parecía indicar que su consulta iba rumbo al fracaso.

¿En qué se equivocó Ned? No fue por falta de esfuerzo ni de éxito; de hecho, casi da la impresión de que encontró demasiado éxito y a un ritmo demasiado acelerado. El problema fue que no adoptó un sistema. Confió en su propia capacidad para encargarse de todo y no implementó un método para organizar y optimizar el trabajo, de manera que resultase más sencillo. Abarcó demasiadas cosas a la vez, intentando completar cientos de objetivos al día sin recurrir a un sistema que facilitase dichos objetivos. Además, Ned no se dio cuenta de que lo sistemas tenían que ajustarse y evolucionar junto al usuario, de acuerdo a sus necesidades.

La fuerza de voluntad, hasta cierto grado, es muy buena. Sin lugar a dudas, la necesitas en tu vida para impulsarte a ser la mejor versión de ti mismo. Sin embargo, depender únicamente de la disciplina y la fuerza de voluntad para alcanzar el éxito puede resultar infructuoso, pues estas no te ayudarán a superar tus límites. En cuanto llegas a dicho límite, la disciplina y fuerza de voluntad no será suficiente para impulsarte a seguir. La disciplina y fuerza de voluntad son elementos volubles, y pueden mermar en cuanto te sientes abrumado.

La historia de Ned es un excelente ejemplo de lo que ocurre cuando intentas presionarte constantemente a realizar las actividades necesarias para alcanzar el éxito. Superar la sensación de agobio y estrés no es nada fácil. Tienes que diseñar un sistema organizativo para lograr que tu éxito sea consistente, incluso cuando te sientas abatido y exhausto. En otras palabras, la fuerza de voluntad puede ser esa breve chispa que ponga el motor en marcha, pero necesitarás un método estable para que el motor siga funcionado *a posteriori*, independientemente de los contratiempos. Si dependes de la pura fuerza de voluntad para cumplir tus tareas, no tardarás en quedarte sin energía. ¡Es un maratón, no un pequeño trote!

Sobre todo en el ámbito empresarial, habrá días donde la inercia sea demasiado fuerte y no sientas la más mínima motivación de cumplir con las tareas de tu lista. Habrá tareas que te resulten intimidantes y, por consiguiente, no podrás reunir la fuerza de voluntad necesaria. Además, incluso habrá personas que intenten frenar tu éxito, y puede que no siempre tengas la energía para defenderte.

Es aquí donde los sistemas diarios entran en acción.

Un sistema es una serie de acciones que realizas de forma diaria y constante con el propósito de aumentar la eficiencia y alcanzar tus objetivos. A diferencia de la disciplina y la fuerza de voluntad, un sistema te organiza y ayuda a realizar tus deberes sin tener que presionarte. Es como una máquina automática, que funciona a través la misteriosa potencia e impulso que generan los *hábitos*. La disciplina y la fuerza de voluntad, por otro lado, no hacen más que ofrecerte la fuerza para obligarte a hacer las cosas; no te brindan un método para hacerlas o una lista de acciones simplificadas a completar. Podría funcionar, pero es la forma más difícil.

Un sistema se vuelve rutina, de manera que no tengas que pensar sobre lo que tienes que hacer y te limites a hacerlo sin más. Lo más importante de un sistema es trabajar en aras del progreso y la regularidad en tu vida, y no en miras de tus objetivos. Por ejemplo, repasemos el caso de Ned e imaginemos lo que hubiese ocurrido de haber aplicado un sistema de gestión del tiempo para dividir las tareas y dedicarle una cantidad de tiempo específica a cada una. Pudo haber automatizado el proceso, de manera que hubiese completado todas las tareas a tiempo, con menos estrés, desorganización y confusión.

Si Ned hubiese implementado un par de sencillos sistemas diarios en su enfoque de negocios, hubiese tenido más éxito. Ned dependía demasiado de su disciplina. Sencillamente, era imposible obligarse a hacer tanto trabajo por su propia cuenta. Trabajando al máximo, terminó exhausto y comenzó a fracasar.

Para poner las cosas en perspectiva, analicemos la diferencia entre un objetivo y un sistema: el objetivo cumple una función *dentro* del sistema. Los sistemas no son más que métodos para asegurarte de que realices las acciones necesarias para alcanzar tu objetivo. No se limitan a una sola cosa, como ocurre en el caso de los objetivos; por el contrario, aplican a todo lo que debas llevar a cabo en tu iniciativa. En cuanto completas un objetivo, puedes pasar al siguiente sin problemas limitándote a seguir tu sistema. Los sistemas te guiarán a lo largo de todos y cada uno de los objetivos que establezcas.

Los sistemas también te protegen del fracaso incluso si no alcanzas tu objetivo. Supongamos que tu objetivo del día es escribir 1000 palabras de una propuesta para conseguir fondos. Usas un sistema que te ayude a completar parte del trabajo, pero no alcanzas las 1000 palabras. Esto resulta perfectamente aceptable, pues aun así escribiste un fragmento. Un sistema te permite garantizar un progreso aceptable, incluso si no alcanzas tu objetivo como tal. Tras haber realizado dicho progreso, resulta incluso más sencillo seguir avanzando y completar el objetivo final más adelante. Cada día es una oportunidad para acercarte más a tu objetivo final cuando te riges por un buen sistema.

Ned se concentró en completar una serie de objetivos todos los días, como atraer nuevos clientes y culminar proyectos. No implementó ningún tipo de sistema que lo obligase a realizar las acciones necesarias para cumplir su objetivo a horas específicas del día. Este es un inconveniente común para los dueños de empresas, sobre todo durante las etapas iniciales. Cuando eres el único empresario, puede ser difícil cederle el control a un sistema, independientemente de que lo hayas implementado tú u otra persona, debido a que sigues en "modo pionero" y quieres supervisar todo por tu cuenta.

De haber implementado un sistema y estructurado mejor su trabajo, hubiese sido capaz de abordar sus objetivos de forma oportuna, en lugar de trabajar en medio del caos y el cansancio mental. En ese caso, su negocio hubiese prosperado conforme obtuviese nuevos clientes y siguiese complaciendo a los antiguos.

El primer paso para la creación de un sistema es tener un objetivo general en mente. Posteriormente, puedes desarrollar las herramientas que te harán llegar ahí.

Elabora un marcador que refleje el progreso

El primer tipo de sistema consiste en elaborar un marcador que refleje tu progreso con todo lujo de detalles. La idea central de este sistema es que estarás mucho más motivado si sientes que tienes la posibilidad de *ganar* algo. Es necesario que percibas algún tipo de gratificación para aumentar el interés en el proyecto. Por lo tanto, te conviene llevar un marcador al más puro estilo de un partido competitivo.

Las personas se esfuerzan al máximo cuando sienten que están ganando o perdiendo, así que asegúrate de demostrar qué tanto has progresado y obtenido hasta la fecha. Las personas muestran un desempeño distinto cuando llevan un registro de su progreso. Si no existe marcador, es un simple partido de práctica. Por lo tanto, empieza a llevar el registro a partir de hoy para brindar motivación automática tanto a ti como a los demás miembros de tu equipo. A continuación, se describe una serie de cosas que puedes hacer para elaborar un marcador.

Primero, registra tu progreso. Cada vez que completes una tarea, táchala de tu lista. Tachar las tareas de la lista te hará sentir que realmente estás avanzando. Escribir una lista de tareas grande en una pizarra y colgarla en la pared podría serte útil. Esto resulta motivador porque las personas pueden notar su progreso, y ver lo que han completado les hace percatarse de que el objetivo final está cada vez más cerca.

Otro elemento importante de este sistema es celebrar los pequeños logros tanto para ti como para tus compañeros de trabajo. Mientras más pequeño sea el logro, mejor, pues será una oportunidad de motivarte tanto a ti como a los demás. Esto también te permite aumentar la clase de victorias que son motivo de celebración. Celebra hasta el más pequeño de los logros, bien sea conseguir un nuevo cliente o dar con la solución de algún obstáculo. Crea una competencia amistosa para impulsar el concepto, incluso si es con tu propio desempeño previo con el que debes competir.

Por último, asegúrate de tener siempre una gratificación o incentivo al final del proyecto. Cuando alcances el objetivo final que te habías propuesto, recompénsate. Tener preparado algún tipo de gratificación cuando alcanzas tu objetivo puede brindarte cierto grado de expectación, lo cual puede motivarte a seguir adelante incluso cuando quieras tirar la toalla. Obséquiate una visita al spa cuando alcances el objetivo, por ejemplo, o invita a todo el equipo a una noche de diversión. Esta mentalidad explica por qué las bonificaciones son tan efectivas para motivar a los empleados de una compañía.

Un ejemplo de cómo integrar este sistema a tu vida laboral es creando una lista de logros. Cuando completes algún elemento de la lista, realiza una pequeña celebración, como una fiesta con pizza para todo el equipo. Asegúrate de designar incentivos, como una bonificación o excursión, al final del proyecto. Te convendría anotar cada venta y celebrarla. Mira cada día como una oportunidad para sumarle más puntos al marcador.

Gestión del tiempo

Un sistema de gestión del tiempo resulta fundamental para el éxito de cualquier persona. Saber cómo dividir el tiempo y cuánto tiempo dedicarle a cada tarea te ayudará a completar los objetivos de manera puntual. La gestión del tiempo es esencial porque te facilita mucho el proceso de terminar las cosas antes de la fecha límite, y te brinda motivación para perseverar en el cumplimiento de las tareas. Puedes establecer expectativas realistas en cuanto conozcas el lapso de tiempo aproximado para la realización de cualquier tarea.

Para aprovechar el tiempo, primero debes establecer una rutina para tu trabajo. Una rutina es un sistema que te permite saber cuándo hacer qué. Sabrás que tienes que comenzar a trabajar a las nueve, por ejemplo. Al establecer tu rutina, toma en cuenta las fechas de entrega y otros compromisos. Asegúrate de dedicar tiempo a trabajar, comer, dormir, asistir a reuniones y otros compromisos. Además, no descuides tu bienestar, o de lo contrario llegarás al límite y tus niveles de estrés serán demasiado altos para trabajar. Por lo tanto, asegúrate de cuidar tu salud, dormir bien y comer sano.

Asegúrate de siempre evaluar el tiempo que necesitarás para un proyecto. Pregúntate: "¿Cuánto tiempo tomará cierta actividad?". Para tener una idea más clara del tiempo que necesitas, puedes cronometrar el tiempo que te toma la realización de ciertas actividades, de manera que tengas una idea de cuánto te toma hacer algo a un ritmo normal y cómodo. Un sistema de gestión de tiempo jamás debería hacerte sentir ajetreado o estresado, así que asegúrate de cronometrarte haciendo las actividades a un ritmo que no te genere estrés, y garantiza tener un poco de tiempo adicional para cualquier imprevisto que te haga necesitar más tiempo.

Repasa tus tareas diarias al comienzo del día. Cuando vayas al trabajo o incluso al despertar, dale un vistazo a tu agenda y verifica los planes del día. Esto te ayuda a asegurarte de cumplir tus objetivos a tiempo. Asegúrate de tener tiempo para las reuniones importantes, al igual que el tiempo necesario para atender los asuntos relacionados a tu negocio, tales como responder correos electrónicos, celebrar reuniones estratégicas y asistir a los eventos destinados a establecer una red de contactos profesionales.

Reduce las distracciones siempre que trabajes. Concéntrate en una cosa a la vez. Las multitareas y distracciones pueden reducir tu productividad de forma dramática. Fija una hora específica para verificar los correos electrónicos, por ejemplo, en lugar de hacerlo a lo largo del día y permitir que tu bandeja de entrada te distraiga de la tarea en curso. Además, establece una hora específica para concentrarte en la mercadotecnia o en las redes de contactos profesionales.

Reduce el costo de transacción

El costo de transacción es un término del ámbito económico que hace referencia al costo en el que debes incurrir para estar en el mercado.

Cada vez que realizas una acción, esta lleva cierto tipo de costo asociado. Puede que el costo sea monetario, tal como la inversión para iniciar un negocio. Alternativamente, podría ser emocional, como el temor que genera embarcarse en una nueva oportunidad de negocios sin saber si tendrás éxito o fracasarás. Podría incluso ser un costo físico, exigiéndote esfuerzo y destreza. Estos no son más que los costos, u obstáculos, que debes superar para entrar al juego.

Desarrolla un sistema que gire en torno a manipular dichos costos a tu conveniencia. Reduce los costos que te perjudican y asegúrate de que tus logros resulten convenientes y sencillos de alcanzar. Dificúltate la realización de actividades improductivas, como procrastinar, al aumentar el costo que te generan tales hábitos. A la vez, reduce el costo de transacción de las cosas que quieres hacer con más frecuencia. Te interesa fomentar los buenos hábitos, como el trabajo sistemático y la gestión del tiempo, al convencerte de que "cuestan" menos. Al mismo tiempo, cambia las tornas y haz que los malos hábitos, como la desorganización, la mala gestión del tiempo y la procrastinación sean demasiado costosos como para permitírselos.

Por ejemplo, al ser más organizado, sientes menos estrés y pasas menos tiempo buscando cosas que necesitas en la oficina. Por lo tanto, facilítate la práctica de esta conducta. Encuentra medios cómodos de organizar tu oficina sin invertir demasiado tiempo y dinero. Usa un sistema de colores para identificar los documentos y aprovecha las cajas que hay por toda la casa para crear papeleras que puedas identificar claramente con un marcador permanente. Esto tiene un costo prácticamente inexistente, pero aun así te ahorra muchos problemas a la hora de trabajar.

Nota cómo se facilita tu capacidad de ser organizado a medida que reduces los costos, y cómo dicho hábito facilita el proceso de alcanzar tus objetivos. Simplemente reduces el costo al reducir el efecto perjudicial de la desorganización. Además, la cantidad dinero o esfuerzo que invertiste para organizar la oficina fue mínima o inexistente.

Asegúrate de que el costo de las conductas indeseadas sea desmesurado. Acostúmbrate a ver las conductas nocivas como acciones demasiado costosas para tu vida. Por ejemplo, aumenta el costo de las acciones improductivas al obligarte a subir cinco tramos de escaleras para fumar, comer chocolate o revisar tu teléfono.

Ahora veamos cómo podemos manipular los costos de transacción de manera general. La primera parte consiste en hacer que los buenos hábitos no tengan costo alguno. La recompensa de la buena conducta debe ser superior al costo de la misma. Esta es la única forma de motivarte a realizar cambios positivos en tu vida. Por ejemplo, podrías facilitar el ser organizado al pensar que no tendrás que invertir dinero en un sistema organizativo para la oficina, y puedes procurar facilitar el proceso de encontrar las cosas en la misma de manera que reduzcas el estrés al trabajar.

Haz que el costo de los malos hábitos sea exorbitante. No querrás incurrir en malos hábitos si el costo supera a la ganancia. Un buen ejemplo sería reducir la improductividad al hacer que el tiempo que pases sin trabajar te haga perder dinero.

Piensa en cómo Ned pudo haber reducido los costos de transacción. La cantidad de trabajo que requería la empresa se volvió demasiada para una sola persona, y no tardó en llegar al límite, donde colapsó. Al hacer que trabajar sea más sencillo y ser desorganizado más difícil, pudo haber aumentado con creces la eficiencia de su vida personal y laboral. Debió haber hecho sus malos hábitos (trabajar 12 horas al día) demasiado costosos como para permitírselos y sus buenos hábitos (organización) prácticamente espontáneos.

Reúne toda la información de antemano

Este sistema gira en torno a reunir de antemano todo lo que necesitas para un proyecto. Hazte con la información fundamental para el mismo e intenta completar tu fase de investigación de una sola vez. Este sistema te ahorra el tiempo de intentar reunir los recursos mientras estás inmerso en el proyecto. Puedes concentrarte en el proyecto en lugar de reunir recursos e información. Esto elimina las trabas que te impiden desarrollar impulso.

Puedes valerte del impulso para avanzar en el proyecto, facilitando la ejecución del mismo durante el proceso. Hacer una pausa en el trabajo para buscar información o algún artículo de oficina puede acabar con el impulso. El impulso es cuando trabajas sin parar, permitiendo que todos los objetivos alcanzados se unan para facilitarte la consecución del próximo objetivo.

Por ejemplo, antes de un proyecto de gran envergadura, puede que necesites un compañero o un equipo de personas con ciertas habilidades. Puede que necesites algunos artículos básicos o un software en específico. Incluso toma en cuenta los artículos de oficina que necesitarás, como bolígrafos y papel, y asegúrate de que estén a la mano. Recolecta todo los recursos que necesites y prepáralos de antemano. Además, haz una lista de toda la información que necesitarás antes de comenzar a trabajar, como la información de contacto de otros miembros del equipo y la fecha de entrega, de manera que no tengas que buscarla cuando estés ocupado. Míralo como sacar todas las compras del auto en un solo viaje.

En el libro de Kerry Patterson, *Crucial Conversations*, la autora sugiere parte de la información que deberías recopilar o evaluar antes de iniciar cualquier proyecto.

Asigna responsabilidad. Pregúntate: "¿Quién es responsable de qué?" Asígnale un nombre a cada tarea que deba ser completada. Esto es fundamental para aclarar las ideas. Te interesa tener un líder, una persona a cargo del presupuesto, una persona a cargo de la mercadotecnia, una persona a cargo de los recursos humanos, etcétera. Para cada aspecto de tu proyecto, encuentra a alguien capacitado para la posición. Si te estás encargando de todo porque es un proyecto individual, entonces responsabilízate al dividir las tareas en distintos roles y luego cumple cada rol por separado y en distintos horarios para asegurar su completación.

Especifica tus expectativas y resultados esperados. Entra en detalles sobre lo que quieres lograr y lo que esperas hacer. Tener un resultado deseado puede ayudarte a alcanzar el éxito al indicarte cuáles tareas debes completar y cómo necesitas trabajar. Especifica cuánto trabajo quieres completar, cuántas unidades quieres vender, cuánto dinero quieres generar y cuándo quieres completar tus objetivos.

Establece objetivos que sean realistas y a la vez inspiradores. Por ejemplo, podrías darle un vistazo a las ventas pasadas y decir: "De acuerdo, el mes pasado vendimos 1000 unidades. ¡Ahora vamos por las 1200!"

Determina la fecha de entrega. Es probable que tu jefe o cliente haya establecido una fecha límite. Si no la hay, establécela tú mismo. Nada te motivará más que una fecha específica que te indique cuándo tienes que haber completado el proyecto. Las fechas límite pueden proporcionarte una pauta concreta sobre cómo organizar tu tiempo y cuándo completar cierta cantidad de trabajo. Asegúrate de establecer una fecha realista (no prometas bajarle la luna al cliente si no serás capaz de cumplirlo). Te conviene establecer una fecha de entrega que te brinde suficiente tiempo para completar la tarea, tomando en cuenta cualquier posible obstáculo y dificultad que te consuma tiempo.

Idea un plan de seguimiento. No quieres ver tu objetivo actual como la línea de meta, pues la vida seguirá después que cumplas dicho objetivo. ¿Qué sucede después del proyecto? ¿Qué haces a continuación? Idea un plan sobre los pasos a seguir en cuanto completes un proyecto y qué objetivos establecer a continuación. Esto puede servir de motivación, pues tendrás más cosas que te generen expectación.

Además, toma en cuenta los siguientes aspectos.

Obtén los recursos físicos. Necesitarás recursos distintos para acciones distintas; dinero, personas, software, artículos de oficina, materiales. Determina lo que necesitas y hazte con ello.

Identifica los obstáculos. Conocer los obstáculos de antemano puede ayudarte a determinar cómo superarlos. Al proponer ideas, las personas están llenas de entusiasmo; todo es color de rosa y están ansiosos por pasar a la acción. Sin embargo, cuando surgen obstáculos inesperados, su entusiasmo declina y la inercia entra en acción. Si todos los involucrados están preparados para tales eventualidades y ven los obstáculos como vallas que deben saltar como equipo, la moral no quedará por los suelos. Si no hay obstáculos en el camino, tienen que seguir discutiendo ideas para prevenir posibles riesgos.

Retomando el ejemplo del pobre Ned. Imagina lo mucho que se hubiese facilitado su situación si hubiese organizado los recursos y reunido la información de antemano. Primero, debió haber organizado su oficina, guardando las notas en lugares donde pudiese encontrarlas fácilmente en caso de necesitarlas. Acto seguido, debió haber buscado programas que le permitiesen automatizar el envío de correos electrónicos, boletines, presupuestos y facturas, lo que hubiese reducido la cantidad de trabajo a realizar. Por último, debió haber anticipado la cantidad de trabajo que recibiría, de manera que organizase mejor su tiempo y manejase el trabajo de forma más eficiente. Debió haber establecido fechas de entrega y haberse ceñido a ellas. Pudo haber considerado contratar a alguien con quien dividirse la responsabilidad si hubiese anticipado lo mucho que aumentaría la cantidad de trabajo.

Además, debió haber identificado las posibles dificultades y haberse preparado para ellas, como fue el caso del aumento desmesurado de trabajo. En ese caso, hubiese podido mitigar dichas dificultades con un poco de previsión. Reunir todos estos recursos de antemano le pudo haber ahorrado mucho trabajo a Ned tras haber iniciado su negocio.

Los sistemas diarios agilizan el trabajo y reducen la cantidad de fuerza de voluntad que necesitas para perseverar. Hacen que las acciones seas sistemáticas y, por lo tanto, incentivan el progreso. Puedes evitar el fracaso en tu vida al usar sistemas para aumentar la eficiencia y producir avances. No seas como Ned. Usa los sistemas diarios para catapultarte al éxito.

Moralejas:

- Los sistemas son un conjunto de acciones diarias. No tiene que ser más complicado que eso. Los sistemas se diferencian claramente de los objetivos, pues los objetivos son logros puntuales, mientras los sistemas se centran en la regularidad y éxito a largo plazo.
- Los sistemas te ayudan a perseverar cuando tienes poca motivación. Hacen que te sientas menos abrumado y te permiten funcionar en piloto automático para conservar energía y ser más eficiente.
- Llevar un registro garantiza progreso. Elabora un marcador que registre tanto los logros importantes como los más triviales. Esto te ayuda a mantenerte motivado y esforzándote en aras del crecimiento y el progreso. También te brindará algo concreto en lo que trabajar, de manera que cualquier modificación y objetivo subsiguiente no sea mero optimismo, sino que esté fundamentado en información.
- ¡Asegúrate de dedicar tiempo a disfrutar y sentirte orgulloso de tus logros durante el proceso! Esto refuerza el

hábito de tu sistema y te impulsa a seguir adelante.
- Aprovecha mejor el tiempo al entender cuál es un lapso de tiempo realista para realizar determinada acción, tomando en cuenta tus individualidades y flaquezas. Usa rutinas para estructurar tu tiempo a conciencia. Sé honesto respecto a la duración de una actividad y presta mucha atención a tu progreso real (y adáptate en consecuencia).
- Reduce tus costos de transacción al hacer que las conductas negativas resulten inconvenientes y poco prácticas, mientras haces que las conductas positivas resulten sencillas y convenientes. Ver las cosas en términos de costos y ganancias te ayuda a establecer una especie de presupuesto interno que te hará concentrarte con más intensidad en tus objetivos.
- Recolecta de antemano toda la información y materiales que necesites. Esto te permite trabajar sin interrupciones y ganar impulso.
- Asegúrate de conocer las responsabilidades de todos los

involucrados, aclarar cuál es el resultado que esperas, establecer una fecha límite concreta y un plan de seguimiento *a posteriori*, reunir los recursos de antemano, e identificar los posibles obstáculos *antes* de dar inicio al proyecto. Todo lo anterior te hará estar preparado y en control de la situación, en lugar de avanzar a trompicones en etapas posteriores.

Resumen

CAPÍTULO 1: PENSAR MENOS, ACTUAR MÁS

- El arte de la perseverancia te permite alcanzar la vida que realmente deseas, en lugar de conformarte con la que llevas actualmente.
- Puede decirse que dicha cualidad está compuesta de cuatro elementos: concentración, disciplina, acción y persistencia; cada uno igual de importante que el anterior.
- Sin embargo, esto no se reduce a saber que tienes que hacer alguna tarea y hacerla sin más. Hay razones poderosas que muchas veces nos impiden perseverar y terminar lo que empezamos. Estas razones, por lo general, pueden dividirse en dos grupos: tácticas inhibidoras y obstáculos psicológicos.
- Las tácticas inhibidoras son las formas en que nos saboteamos sin siquiera percatarnos de ello. Estas incluyen (1)

establecer los objetivos equivocados, (2) procrastinar, (3) entregarse a las tentaciones y distracciones, y (4) desaprovechar el tiempo.
- Los obstáculos psicológicos son aquellos que nos impiden perseverar porque activamos mecanismos de defensa sin tener conciencia de ello. Estos incluyen (1) pereza e indisciplina, (2) miedo a la crítica, al rechazo y al fracaso, (3) perfeccionismo a raíz de la inseguridad, y (4) falta de autoconciencia.

CAPÍTULO 2: CÓMO MANTENER LA MOTIVACIÓN

- ¿Cómo mantienes el interés y la motivación? Analizándote a fondo y preguntándote qué incentivos internos y externos tienes a tu disposición; una tarea que muy pocas veces realizamos.
- Los incentivos externos son aquellos donde aprovechamos a otras personas, lugares y cosas para impulsarnos a pasar a la acción. En la mayoría de casos, recurrimos a este tipo de incentivos cuando queremos evitar las consecuencias negativas asociadas a

otras personas, lugares y cosas. Estos métodos incluyen rendir cuentas a un grupo o individuo, invertir dinero y ofrecernos un soborno.
- Los incentivos internos son aquellos donde analizamos cómo mejorar y beneficiar nuestra vida, y tomamos la decisión propia de avanzar hacia un objetivo que consideremos digno. Estas son necesidades, motivaciones y deseos universales que podemos perder de vista con facilidad. La forma más sencilla de identificarlos es haciéndonos una serie de preguntas que nos cuestionan directamente sobre aspectos como *¿Cómo me beneficiaré de esta iniciativa?* y *¿Cómo mejorará mi vida a raíz de ella?* Es solo a través de estas preguntas que descubrirás en qué estás fallando.
- Todas nuestras metas implican un costo de oportunidad. Debemos hacer un sacrificio, incluso si se trata de renunciar a acostarnos en el sofá a ver la televisión. Podemos sortear este obstáculo mental al manipular la relación costo-beneficio de manera que

el costo se reduzca y el beneficio se maximice.
- Se ha demostrado que es más sencillo mantener la motivación cuando nos la recuerdan; de lo contrario, ojos que no ven, corazón que no siente. Por lo tanto, debes rodearte de indicadores que te recuerden lo que te motiva, pero asegúrate de que sean peculiares y llamativos, aprovecha los cinco sentidos (incluso el gusto), y asegúrate de cambiarlos y moverlos de vez en cuando para evitar que te acostumbres y te olvides de ellos.

CAPÍTULO 3: LA IMPORTANCIA DE CREAR UN MANIFIESTO

- Un manifiesto no es más que un conjunto de reglas diarias a seguir. Puede que odiemos las reglas, pero estas eliminan el factor improvisación de nuestra vida y nos dictan las pautas a seguir. Son radicales, lo cual resulta provechoso para el cumplimiento de nuestros objetivos porque no nos dejan alternativa.

- Regla 1: ¿Es la pereza la que está dictando tus acciones? De no ser así, sigue con tu trabajo. De ser así, ¿es esa la clase de persona que quieres ser?
- Regla 2: Como máximo, realiza tres tareas principales al día. Aprende a diferenciar entre tareas importantes, tareas urgentes y acciones improductivas.
- Regla 3: Establece restricciones y requisitos personales. Estos se encargarán de que te concentres en las actividades que son necesarias. También suponen un elemento fundamental para el desarrollo de los buenos hábitos.
- Regla 4: En ocasiones, perdemos el norte. Por consiguiente, reafirma tu propósito mediante declaraciones que comiencen con "Quiero...", "Tengo que...", y "Evitaré...".
- Regla 5: Intenta ver el futuro en lapsos de 10 minutos, 10 horas y 10 días. ¿Te gusta lo que auguras cuando te planteas desistir de tu emprendimiento? ¿Vale la pena satisfacer a tu "yo" del presente a expensas de tu "yo" del futuro? Probablemente no.

- Regla 6: Solo son 10 minutos, ¿cierto? Así que cuando quieras tirar la toalla, continúa por tan solo 10 minutos. Y si necesitas esperar, no son más que 10 minutos.

CAPÍTULO 4: MENTALIDADES QUE FOMENTAN LA PERSEVERANCIA

- La perseverancia es 100 % mental, lo que implica que, probablemente, sea conveniente estudiar las mentalidades que intentas adoptar.
- Mentalidad 1: Consiste en tener la convicción de que todo vale la pena; que tu esfuerzo es valioso y trascendental desde el punto de vista general. Si sientes que tu esfuerzo rendirá frutos, que encajas en el lugar donde estás, que no eres inferior a los demás, y percibes el impacto que esto genera en tus objetivos generales, será más sencillo ceñirte a un plan de acción.
- Mentalidad 2: Siéntete cómodo en medio de las situaciones incómodas. Con el cambio, la incomodidad es inevitable. Toda iniciativa tendrá cierto grado de

incomodidad, a menos que quieras pasarte todo el día a solas viendo televisión. Por consiguiente, acostumbrarse a dicho sentimiento te permite luchar por lo que quieres sin temor alguno.
- Mentalidad 3: Si no perseveras en la culminación de tus proyectos, no habrá aprendizaje. Solo cuando culminas una actividad puedes evaluarte y corregir tus errores. Adopta una mentalidad enfocada en la búsqueda de información.
- Mentalidad 4: No se debe subestimar el efecto nocivo del estrés y la ansiedad. El estrés aumenta nuestro instinto de supervivencia y hace que tomemos decisiones que repercuten de forma potencialmente negativa en nuestra vida. Incluso un estado de ánimo negativo puede amenazar tu productividad y perseverancia. Desarrolla autoconciencia y toma medidas proactivas para regular tus niveles de estrés.

CAPÍTULO 5: LA CIENCIA DE VENCER LA PROCRASTINACIÓN

- Enfrentar la procrastinación es como empujar la piedra de Sísifo. Puedes hacerla retroceder un poco, pero su avance es tan natural que nunca serás capaz de librarte por completo de su influencia. El problema se caracteriza por una inconsistencia temporal, donde adquirimos dos identidades con deseos incompatibles: una que busca satisfacción a largo plazo y la otra la desea cuanto antes.
- La integración de tentaciones es un método eficaz para combatir la procrastinación. Consiste en combinar tus tareas menos gratas con algo placentero. Esto funciona más que nada porque te opones a la inconsistencia temporal y satisfaces simultáneamente las necesidades de tu "yo" del presente y del futuro.
- Comienza con pasos pequeños. La procrastinación se alimenta de la inercia. Por lo tanto, necesitas que la etapa inicial de ejecución sea lo más sencilla posible. Poco a poco ganarás impulso (lo opuesto a la inercia).

- En ocasiones, vencer la procrastinación no necesita más que un buen escarmiento. Un poco de miedo y paranoia productiva pueden darte una mano; si sientes temor de las repercusiones que enfrentarás, es seguro que te sentirás impulsado a tomar cartas en el asunto. Sin embargo, este no es un método que deberíamos usar con mucha frecuencia.

CAPÍTULO 6. UNA ZONA LIBRE DE DISTRACCIONES

- Reduce las distracciones en tu entorno. En este contexto, la popular frase "ojos que no ven, corazón que no siente" aplica a la perfección, así que mantén tu área de trabajo libre de elementos distractores, pues de lo contrario tu motivación irá mermando poco a poco.
- Establece la mayor cantidad de acciones predeterminadas que puedas. Aquí es donde querrás optar por el camino que requiera menos esfuerzo. Esto también puede lograrse al organizar y diseñar un entorno que favorezca la productividad.

- Las monotareas son un concepto importante porque exponen con claridad los defectos de las multitareas. Cuando alternas entre dos o más actividades, creas un residuo de atención. Esto significa que te llevará tiempo ajustarte a cada una de las tareas que abordes, incluso si ya estabas familiarizado con ellas. Puedes eliminar dicho efecto al concentrarte en una sola tarea, y también agrupándolas en lotes, lo que consiste en realizar todas las tareas similares a la vez para sacarle el mayor provecho a tu eficiencia mental.
- Una lista de "antitareas" puede ser tan efectiva como una lista normal, pues pocas veces se nos indica lo que debemos evitar. Como resultado, las distracciones o actividades improductivas pueden invadir la jornada sin que nos percatemos. Dicha lista también debe incluir las tareas que no puedas desarrollar, completar o resolver.
- La regla del 40-70 consiste en romper la inercia mediante la cantidad de información que buscas. Si tienes menos

del 40 %, no entres en acción. Sin embargo, si tienes el 70 %, debes hacerlo. Nunca tendrás el 100 %, y lo más probable es que el 70 % sea más que suficiente. En cualquier caso, el resto puedes aprenderlo sobre la marcha.
- Por último, puede que de vez en cuando te convenga no hacer nada. Esto gira en torno al descanso y a la relajación (pero deberías verlo como recuperación mental). ¿Qué hace un deportista entre carreras o partidos? Así es: se recupera, de manera que esté en condiciones óptimas cuando llegue el momento de pasar a la acción.

CAPÍTULO 7: ERRORES MORTALES

- ¿Cuáles son los errores que nos impiden perseverar y terminar lo que empezamos? Son demasiados para mencionarlos aquí. Sin embargo, en este capítulo se muestran algunos de los más graves y peligrosos.
- El síndrome de las falsas esperanzas es cuando esperas cambiar o mejorar tu

vida en una medida poco realista. Cuando no logras cumplir tus expectativas (lo que resulta inevitable), se genera una reacción negativa que reduce tu motivación y disciplina a niveles incluso inferiores a los que tenías al inicio del proyecto. Para superar este obstáculo, establece expectativas razonables con base en tu experiencia previa y entiende la diferencia entre objetivos y expectativas.
- Pensar de más puede ser engañoso, pues parece que promoviese la acción e incluso se siente productivo. Pero no lo es. Pensar de más es cuando te obsesionas y te sientes incapaz de dar el primer paso a la acción. Concéntrate en lo que importa e ignora a conciencia todo lo demás, y te sentirás mucho más enfocado.
- La preocupación consiste en obsesionarse con un tema y, consecuentemente, comenzar a imaginar cualquier obstáculo y escenario negativo. Sin embargo, la preocupación también gira en torno a obsesionarse con algo que no puedes controlar,

mientras ignoras lo que sí: el presente. La solución es concentrarse en lo que se puede hacer aquí y ahora.

- ¿Te conoces a fondo? ¿Y qué tal en términos de productividad y de los métodos de trabajo más eficientes para ti? Puedes tomar en cuenta la hora del día, el ambiente, el contexto, etcétera. Sin embargo, deberías considerar que conocerte a ti mismo también implica la capacidad de analizarte y entender la posible razón detrás tu fracaso o de no haber cumplido las expectativas. Es la capacidad de autoevaluarnos y estar conscientes de nuestras fortalezas y debilidades.

CAPÍTULO 8: SISTEMAS DIARIOS PARA ALCANZAR EL ÉXITO

- Los sistemas son un conjunto de acciones diarias. No tiene que ser más complicado que eso. Los sistemas se diferencian claramente de los objetivos, pues los objetivos son logros puntuales, mientras los sistemas se centran en la regularidad y éxito a largo plazo.

- Elabora un marcador que registre tanto los logros importantes como los más triviales. Esto te ayuda a mantenerte motivado y esforzándote en aras del crecimiento y el progreso.
- Aprovecha mejor el tiempo al entender cuál es un lapso de tiempo realista para realizar determinada acción, tomando en cuenta tus individualidades y flaquezas.
- Reduce tus costos de transacción al hacer que las conductas negativas resulten inconvenientes y poco prácticas, mientras haces que las conductas positivas resulten sencillas y convenientes.
- Recolecta de antemano toda la información y materiales que necesites. Esto te permite trabajar sin interrupciones y ganar impulso.

www.ingramcontent.com/pod-product-compliance
Lightning Source LLC
Chambersburg PA
CBHW071233070526
44583CB00017B/2157